教育の泉 ⑳

自然災害防止教育と
学校の役割

北　俊夫 著

文溪堂

まえがき ―自然災害防止教育とは何か―

阪神・淡路大震災や東日本大震災、熊本地震など頻発している巨大地震や、全国各地で発生している河川の氾濫による洪水や土砂災害によって、国民の生命や財産が脅かされています。これに伴って、国民の防災意識が高まり、学校において防災教育を推進することが喫緊の課題になっています。

防災教育と聞くと、多くの場合、学校の策定した防災計画にもとづいて実施される防災訓練や避難訓練を連想します。これらの訓練は、緊急時における実践力や行動力を育てるうえできわめて重要な意味をもっています。ただ問題は、繰り返し実施するうちに、訓練が惰性に流れたり、マンネリ化したりして、緊張感や切迫感が薄れていくことです。

このような状況がみられる背景には、子どもたちに防災意識が十分に醸成されていないことや、防災や自然災害に対する知識を十分に習得していないことがあるのではないかと思われます。そのため、防災訓練や避難訓練を実施することの意義や必要性を十分認識していないことも考えられます。「やらされている」といった意識で参加しているのでしょうか。要するに自分の切実な問題（自分のこと）として受けとめていないからではないかと考えます。

こうした課題を解決するためには、防災訓練や避難訓練の内容や方法を不断に見なおし、改善を図ることが大切です。併せて、日々の教育活動や授業において防災教育を一層充実させることが求められます。これは防災訓練や避難訓練のように、特別に設定された行事やイベントではなく、普段の授業で行われる「もうひとつの防災教育」です。ここでの取り組みは子どもたちに防災に対する意識や関心をもたせ、基礎的な知識を習得させるものです。これらは、防災訓練や避難訓練を充実させる基盤になります。

東日本大震災のとき、釜石市の小中学校では全児童・生徒の99.8％にあたる2921人が無事でした。ほとんど犠牲者を出さなかったことに、マスコミなどは「釜石の奇跡」と報道しました。その理由のひとつに「率先避難者たれ」を実践したことがあげられています。ただ釜石市の小中学校では、以前から各教科等において「地震・津波防災教育」を実践してきたことを見逃すわけにはいきません。

釜石市の取り組みの詳細については本書のなかで紹介しています。

本書『自然災害防止教育と学校の役割』では、「自然災害防止教育」という用語を使用しています。このことについて説明しておきます。

災害を防止したり、災害からの被害を最小限にくい止めたりするための教育が一般に防災教育といわれています。災害とは、『広辞苑（第六版）』によると「異常な自然現象や人為的な原因によって、人間の社会生活や人命に受ける被害」とされています。この記述を踏まえると、災害には大きく分けて、主として人間の過失や不注意などが原因で起こるものと、自然現象によって引き起こされるものがあります。一般に、前者は人災、後者は天災といわれています。ただ、天災と思われがちな災害のなかには、人為的なミスや怠りなどによって起こったものもあり、これらは人災とされることもあります。

防災教育の対象には、火災など主として人災によるものと、地震や土砂災害など主として天災によるものが含まれています。本書で取り上げる災害は、後者の主として天災にあたる災害です。具体的には、地震や津波、火山の噴火、洪水、土砂災害、豪雪、突風などです。本書では、さまざまな自然災害から身を守る教育を「自然災害防止教育」と名づけました。自然災害のうち、土砂災害から身を守る教育を「土砂災害防止教育」または「砂防教育」といい表すこともあります。

自然災害防止教育を特別の教育としてではなく、普段の教育として実践することによって、子どもたちが防災や自然災害を持続して意識します。その結果、自然災害に対する基礎的な知識や技能を身につけ、防災に対する認識を深めていきます。こうした意識や知識や認識がやがて常識になることで、自然災害から自分（たち）の命を自ら守る子どもたちが育っていくものと考えます。

本書は、学校で子どもの教育指導に直接携わっている教師だけでなく、防災に関する出前授業を実施している関係機関の人たちや、地域の博物館等で子どもの見学を受けいれている施設の人たちにも読んでいただけるように、できるだけわかりやすくまとめてあります。本書が学校や地域における自然災害防止教育の一層の充実と発展にお役に立てれば幸いです。

令和4年11月

北　俊夫

CONTENTS

まえがき－自然災害防止教育とは何か－ …… 3

Ⅰ章 なぜ、自然災害防止教育なのか －わが国の気象的、地象的な特質から－ 09

1　日本における国土環境の特質 …… 10
（1）日本は世界有数の地震国 …… 10
（2）日本は火山列島の上にある …… 13
（3）地形・地質にみる特質－繰り返される土砂災害 …… 16

2　学校における防災対策の現状と課題 …… 20
（1）防災教育のための時間が設けられていない …… 20
（2）教科の学習で防災教育が実施されているか …… 21
（3）防災訓練、避難訓練がマンネリ化していないか …… 24
（4）地震や津波災害への関心だけでよいか …… 25
（5）教員は必ずしも防災や自然災害の専門家でない …… 27

3　釜石市の取り組みに学ぶ－なぜ「奇跡」が起こったのか …… 29
（1）東日本大震災前に取り組んだ釜石市の地震・津波防災教育 …… 29
（2）教科等における地震・津波防災に関する知識 …… 30

Ⅱ章 学校における安全教育と自然災害防止教育 －両者はどう関連しているか－ 37

1　安全教育の考え方と自然災害防止教育の位置 …… 38
（1）学校における安全教育の考え方 …… 38
（2）学校安全の領域と自然災害防止教育の位置づけ …… 39
（3）災害安全に関わる取り組みの内容 …… 41

2　学校における自然災害防止教育の課題　……………………43
（1）学校教育に求められる新たな課題　……………………………43
（2）災害を自分のこととして捉え、「自助」意識の高揚を図る　…44
（3）ハードとソフトの面から学校の防災力を高める　……………46
（4）学校と行政、地域住民との連携・協力体制を構築する　……48
3　関係機関からの授業支援　……………………………………50
（1）学校と関係機関の連携のポイント　……………………………50
①　共に子どもの教育に当たる　……………………………………50
②　連携・協力の内容と方法　………………………………………51
③　学校として支援や評価を受けるポイント　……………………53
④　支援を受ける教師のあり方　……………………………………54
⑤　学習レベルの支援のアイデア　…………………………………55
（2）関係機関による出前授業の意義と実際　………………………56
①　出前授業の意義　…………………………………………………56
②　出前授業の実際　…………………………………………………57

Ⅲ章　自然災害防止教育の進め方 −普段の教育活動のなかでいかに実施するか−　61

1　自然災害防止教育の目標と全体計画　…………………………62
（1）なぜ、自然災害防止教育の目標なのか　………………………62
（2）自然災害防止教育の目標（私案）　………………………………64
（3）防災教育の「全体計画」の策定と実際　…………………………67
（4）各学年の教科別指導計画の作成　………………………………70
2　教科等における防災教育の可能性　……………………………74
（1）学校における防災教育の考え方　………………………………74
（2）教科等（社会科を除く）の学習指導要領にみる防災教育　……75
（3）社会科における自然災害防止教育の可能性　…………………78
（4）学習指導要領（小学校社会科）にみる自然災害に関する内容　…83
（5）社会科教科書にみる自然災害に関する教材　…………………85

3　社会科における指導計画作成と実践のヒント　……………88
（1）4年・単元「自然災害から人々を守る」の指導計画　…………88
①　本単元の趣旨　……………………………………………88
②　教材の取り上げ方　………………………………………89
③　授業づくりのポイント　…………………………………90
④　単元「自然災害から人々を守る」の授業展開　…………91
（2）5年・単元「わが国の自然災害」の指導計画　……………94
①　本単元の趣旨　……………………………………………94
②　教材の取り上げ方　………………………………………95
③　授業展開のポイント　……………………………………96
（3）6年「政治の働き－自然災害からの復旧・復興－」の指導計画　…100
①　本単元の趣旨　……………………………………………100
②　学習の展開　………………………………………………101
コラム　新しい地図記号－自然災害伝承碑　…………………102

Ⅳ章　自然災害防止教育と私の体験 －「自然災害」との関わりの軌跡－　103

1　子どもたちに語った防災学習　………………………………104
（1）子どもたちに語ったこと－その概要　……………………104
①　自然災害を分類しよう　…………………………………104
②　地震から身を守るために必要なこと　……………………105
③　自分にできること　………………………………………106
（2）子どもたちに伝えたかったこと　……………………………108
①　日本はどんなところ？　…………………………………108
②　意識と知識と常識　………………………………………110
2　保護者に語った防災講演　……………………………………111
（1）講演で話題にしたこと－モノと人と心の「備え」－　………111
①　「つなみ」は海と山から迫ってくる　……………………111
②　土砂崩れでなぜ犠牲者が出なかったのか　………………113

（2）講演で伝えたかったこと ……114
① コミュニティ－意識がみんなの命を守る ……114
② 自然災害の多い国土に住んでいるという意識をもつこと ……114
③ いつでも、どこでも起こる ……115
④ 公助と共助、そして一番が自助 ……116
コラム 地名に込めた先人の警告 ……118

3 私の「3.11」体験談 ……119

（1）体験ドキュメント ……119
① 「3.11」－そのときどこに？ ……119
② 伊勢湾上空で旋回－時間の調整か ……120
③ 羽田空港に着陸して－閑散とした雰囲気 ……121
④ ロビーで見たもの－テレビに食い入る ……122
⑤ 家族に連絡がとれない－携帯電話がダメ ……123
⑥ 毛布の配布－心が温まる ……124
⑦ ロビーでの一夜－熟睡はできず ……125
⑧ 翌朝－モノレール運行 ……126
⑨ ＪＲ浜松町駅－その先は ……127
⑩ ようやく自宅に到着 ……128
（2）体験から学んだこと ……129
① 日ごろの心がまえ ……129
② 問題解決能力の必要性 ……129

4 土砂災害・砂防に関する教育との関わり ……131

（1）「砂防」との出会い ……131
（2）小学生インタープリベント2002での講評 ……132
（3）その後の砂防との関わり ……133
（4）学習指導要領との関わり－「自然災害」に関する記述の変遷 ……134
① 平成元年版学習指導要領 ……134
② 平成10年版学習指導要領 ……135
③ 平成20年版学習指導要領 ……136
④ 平成29年版学習指導要領 ……137
⑤ 充実してきた自然災害に関する記述とその扱い ……137
コラム 地域の災害リスクの理解 ……139
あとがき ……140

I章 なぜ、自然災害防止教育なのか
―わが国の気象的、地象的な特質から―

本章の趣旨

防災教育といわず、あえて「自然災害防止教育」と表記している意図については「まえがき」で述べたとおりです。

いま、自然災害から私たちの身を守る教育が求められている理由には、次の２つのことがあげられます。

１つは、私たちが住んでいる国土環境の特質にあります。わが国の国土にみられる固有な地形や地質、気候は、多様な自然災害を引き起こしやすいという現実です。これは自然災害の比較的少ないとされているヨーロッパの諸国とは異なるところです。毎年、日本の各地で発生しているさまざまな自然災害から目を背けることはできません。まして逃げ出すことはできません。

いま１つは、学校における防災教育の現状、とりわけ自然災害防止に関する教育の実態です。自然災害の発生に備えて、防災訓練や避難訓練は行われていますが、訓練が優先されていて、その基盤となる教育が必ずしも十分実施されていないことです。

現在実施されている防災教育の名による取り組みの現状と課題を把握し、いつ、どこで、どのような状況で発生するかわからない自然災害に対して、教育の側面から備えることは学校教育の重要な役割です。普段から自然災害から身を守る教育を進め、物心両面から自然災害の発生に備えることのできる子どもたちを育てることは教師の重要な責務であるといえます。

こうした観点から、本章では、学校教育においてなぜいま自然災害防止教育が求められるのか。日本の国土環境の特質と学校における防災教育の現状と課題の側面から、自然災害防止教育の必要性について考えます。

さらに、東日本大震災のとき、釜石市の学校でなぜ「奇跡」が起きたのか。そのあたりの「秘密」を釜石市の取り組みから検討します。

1　日本における国土環境の特質

わが国は、世界のなかでも自然災害の多い国だといわれています。具体的には、地震、津波、土砂災害、水害や台風、火山の噴火、突風や竜巻、雪害、高潮など、さまざまな自然災害が日本の各地で、毎年のように発生しています。自然災害の「よろずやさん」のようです。「自然災害列島」といわれる所以です。その結果、私たちは想定を超えた被害を受けています。

わが国はなぜ自然災害が多いのでしょうか。それは端的にいって、国土の位置をはじめ、地形、地質、気候など、わが国を取り巻く自然環境の特質にあります。主な災害ごとに具体的にみていきましょう。

(1) 日本は世界有数の地震国

まず、地震です。わが国はフィリピン海プレートと太平洋プレートとユーラシアプレートの３つが寄り集まった、環太平洋地震帯に位置しています。そのため、地殻変動が激しく、地震活動が活発に起こっています。地震には、火山の噴火によって引き起こされるものもあります。世界のマグニチュード６以上の大規模地震の約２割が、日本及び日本の近海で発生しています。こうしたことから、わが国は地震国といわれています。

また、わが国は現在わかっているだけで、地震を引き起こすとされている活断層が約2000か所も存在しています。活断層が活動すると、震源が地表面に近いため、マグニチュードが小さくても甚大な被害になることもあります。現在、114の断層帯について活動度が評価され、公表されています。

平成７年（1995年）１月に発生した兵庫県南部地震（阪神・淡路大震災）は、淡路島の野島断層が震源地とされています。このときには、マグニチュードが7.3で、死者・行方不明者が6437人でした。

わが国が置かれている地質は、地震の比較的少ないヨーロッパの国々と基本的に異なるところです。

巨大地震の発生は家屋を倒壊し、火災を引き起こします。津波や土砂崩れなどの自然災害を誘発させます。土砂崩れは「山津波」といわれています。河川の堤防や防潮堤を破壊して水害を起こすこともあります。

平成６年（1994年）以降に発生した震度６弱以上の地震をあげると、次のようになります。発生年月、震央地名または地震名、最大震度の順で示しました。令和４年（2022年）４月までに30回を優に超えています。

- 平成６年（1994年）10月、北海道東方沖地震、震度６
- 平成７年（1995年）１月、兵庫県南部地震（阪神・淡路大震災）、震度７
- 平成９年（1997年）５月、鹿児島県薩摩地方地震、震度６弱
- 平成10年（1998年）９月、岩手県内陸北部地震、震度６弱
- 平成12年（2000年）10月、鳥取県西部地震、震度６強
- 平成13年（2001年）３月、芸予地震、震度６弱
- 平成15年（2003年）５月、宮城県沖地震、震度６弱
- 平成15年（2003年）７月、宮城県北部（中部）地震、震度６強
- 平成17年（2005年）３月、福岡県西方沖地震、震度６弱

図１：世界のマグニチュード６以上の震源分布とプレート境界

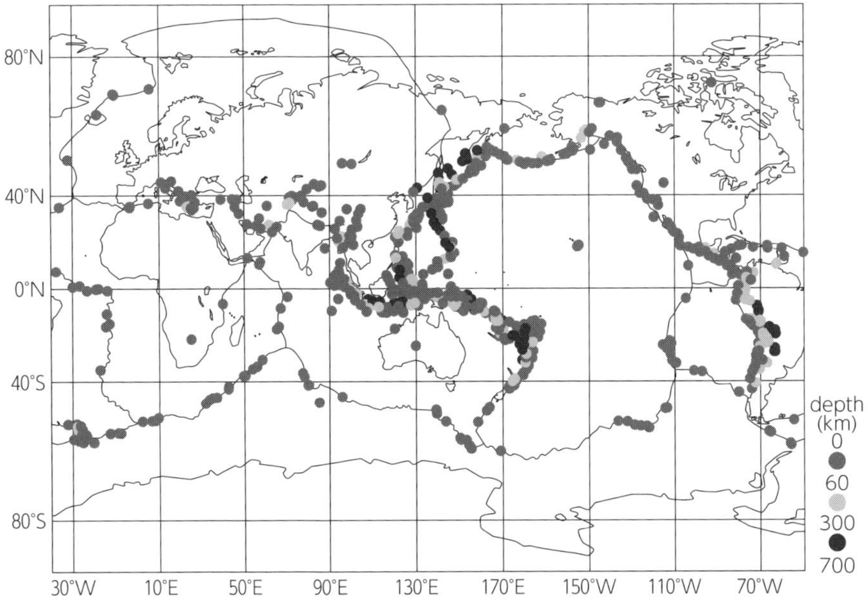

（気象庁ＨＰより）

・平成17年（2005年）8月、宮城県沖地震、震度6弱
・平成19年（2007年）3月、能登半島地震、震度6強
・平成19年（2007年）7月、新潟県中越沖地震、震度6強
・平成20年（2008年）7月、岩手県沿岸北部地震、震度6弱
・平成21年（2009年）8月、駿河湾地震、震度6弱
・平成23年（2011年）3月、東北地方太平洋沖地震（東日本大震災）、震度7
・平成23年（2011年）3月、長野県・新潟県県境付近、震度6強
・平成23年（2011年）3月、静岡県東部地震、震度6強
・平成23年（2011年）4月、宮城県沖地震、震度6強
・平成23年（2011年）4月、福島県浜通り、震度6弱
・平成23年（2011年）4月、福島県中通り、震度6弱
・平成25年（2013年）4月、淡路島付近、震度6弱
・平成26年（2014年）11月、長野県北部、震度6弱
・平成28年（2016年）4月、熊本地震、震度7
・平成28年（2016年）6月、内浦湾地震、震度6弱
・平成28年（2016年）10月、鳥取県中部地震、震度6弱
・平成28年（2016年）12月、茨城県北部地震、震度6弱
・平成30年（2018年）6月、大阪府北部地震、震度6弱
・平成30年（2018年）9月、北海道胆振地方中東地震、震度7
・平成31年（2019年）1月、熊本県熊本地方、震度6弱
・平成31年（2019年）2月、北海道胆振地方中東部、震度6弱
・令和元年（2019年）6月、山形県沖、震度6強
・令和3年（2021年）2月、福島県沖、震度6強
・令和4年（2022年）3月、福島県沖、震度6強

今後、東海地方や南海沖、関東地方などでは、巨大地震発生の可能性が高まっているといわれています。たとえば紀伊水道沖では、気象庁によると、マグニチュード8クラスの南海地震が発生する確率が70～80%と予測されています。南海トラフは、静岡県の駿河湾から九州東方沖までの延長が700キロメートルに達する大規模なトラフです。トラフとは細長い海底盆地で、深さが6000メートルより浅いものをいいます。南海トラフの深さは4000メートルクラスです。

（２）日本は火山列島の上にある

次は、火山についてです。火山は、温泉の恵みを与えてくれることから観光資源として生かされています。多くは自然美を備えています。また、地熱発電所の立地にも適しています。

伊豆大島にある三原山の「御神火」の用語に代表されるように、火山の噴火や噴煙を神聖視するなど、日本人には火山と共存してきた歴史があります。

火山には活火山と死火山があります。活火山とは、現在噴火活動を行っているか、あるいはおよそ過去１万年以内に噴火したことのある火山をいいます。死火山とは有史時代に一度も活動した記録のない火山のことです。

平成29年６月に栃木県日光市の男体山が活火山に加えられ、わが国では現在111の火山が活火山として認定されています。これは世界の活火山数の約７％にあたります。日本の国土面積は世界のわずか約0.25％にすぎませんから、これだけでも、わが国は火山国であることがわかります。噴火したり振動したりするなど活動中であれば、活火山であることがわかりますが、そうでないとなかなか認知することができません。

以下に、111すべての活火山をあげておきます。複数の県にまたがっているものは、火山名のあとに県名を付記しました。下記の（　）内は記名した県にまたがっていることを示しています。また、下線は火山噴火予知連絡会で、観測・監視体制の充実が必要とされた火山です。令和４年７月現在全国に50の活火山があります。気象庁が24時間体制で常時観測・監視しています。

- 北海道…知床硫黄山、羅臼岳、天頂山、摩周、アトサヌプリ、雌阿寒岳、雄阿寒岳、丸山、大雪山、十勝岳、利尻山、樽前山、恵庭岳、倶多楽、有珠山、羊蹄山、ニセコ、北海道駒ヶ岳、恵山、渡島大島、このほか、北方領土の択捉島に７つ、国後島に４つありますが、ここでは省略します。
- 青森県…恐山、岩木山、八甲田山、十和田（秋田県）
- 秋田県…秋田焼山、鳥海山（山形県）
- 岩手県…八幡平（秋田県）、岩手山、秋田駒ヶ岳（秋田県）、栗駒山（宮城県、秋田県）
- 宮城県…鳴子、蔵王山（山形県）
- 山形県…肘折、吾妻山（福島県）

図２：わが国の火山の分布

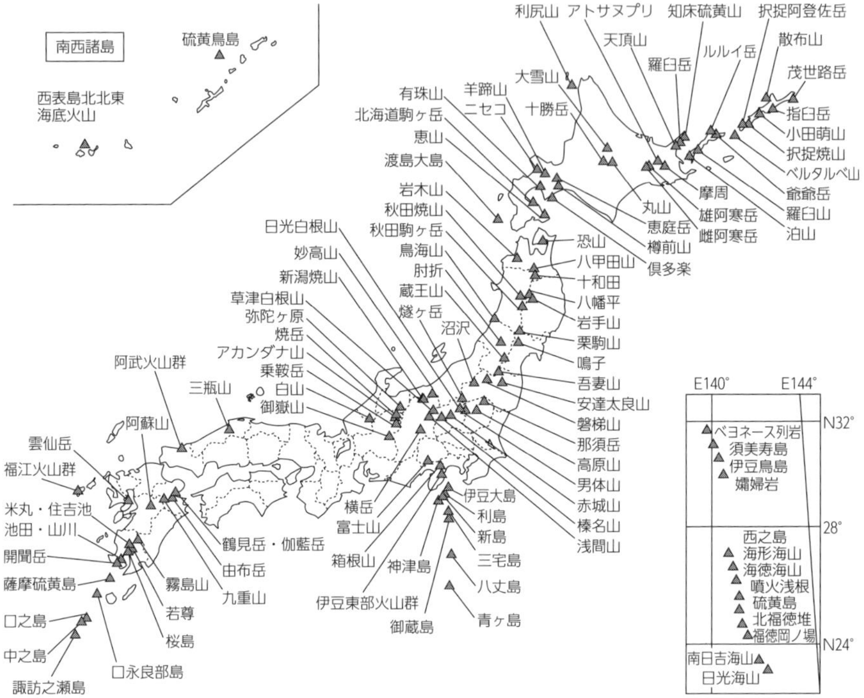

- 福島県…安達太良山、磐梯山、沼沢、燧ヶ岳
- 栃木県…那須岳、高原山、男体山、日光白根山（群馬県）
- 群馬県…赤城山、榛名山、草津白根山、浅間山（長野県）
- 長野県…横岳、焼岳（岐阜県）、アカンダナ山（岐阜県）、乗鞍岳（岐阜県）、御嶽山（岐阜県）
- 新潟県…新潟焼山、妙高山
- 富山県…弥蛇ヶ原
- 石川県…白山（岐阜県）
- 山梨県…富士山（静岡県）
- 神奈川県…箱根山
- 静岡県…伊豆東部火山群

- 東京都…伊豆大島、利島、新島、神津島、三宅島、御蔵島、八丈島、青ヶ島、ベヨネース列岩、須美寿島、伊豆鳥島、孀婦岩、西之島、海形海山、海徳海山、噴火浅根、硫黄島、北福徳堆、福徳岡ノ場、南日吉海山、日光海山
- 島根県…三瓶山
- 山口県…阿武火山群
- 大分県…鶴見岳・伽藍岳、由布岳、九重山
- 熊本県…阿蘇山
- 長崎県…雲仙岳、福江火山群
- 鹿児島県…霧島山（宮崎県）、米丸・住吉池、若尊、桜島、池田・山川、開聞岳、薩摩硫黄島、口永良部島、口之島、中之島、諏訪之瀬島
- 沖縄県…硫黄鳥島、西表島北北東海底火山

こうしてみてくると、わが国は火山の列島だといえますが、その分布は北海道、東北・中部地方、それに九州地方に多いことがわかります。東京都にも活火山が数多く分布していますが、ほとんどが島嶼地区で火山島です。火山島は鹿児島県や沖縄県にも分布しています。

火山の噴火によって、火砕流が発生したり火山灰が降ったりします。地震が誘発されることもあります。火山の噴火は人々の生活や農業などの産業活動にさまざまな影響を及ぼします。平成26年（2014年）９月に噴火した御嶽山の事案をあげるまでもなく、登山の途中などに遭遇すると、尊い人命を失うこともあります。

ここ40年ほどのあいだに起こった主な火山の噴火による災害をあげると、次のようになります。

昭和52年（1977年）８月に、北海道の有珠山が噴火しました。有珠山はそれまでもたびたび噴火しています。ここでは、翌年に泥流災害が引き起こされました。昭和58年（1983年）10月に三宅島で噴火し、学校の校舎のところまで溶岩が流れてきました。昭和61年（1986年）11月には、伊豆大島（大島町）の三原山が噴火し、島内の住民全員が東京都区内などへ一斉に緊急避難しました。

平成２年（1990年）11月には、長崎県の雲仙・普賢岳が爆発し、大きな火砕流が発生しました。43名が犠牲になりました。平成23年（2011年）１月には、鹿児島県と宮崎県にまたがっている霧島山新燃岳が約300年ぶりに本格的なマ

グマ噴火を起こしました。このときには、多量の降灰によって農業が大きな被害を受けたり、空振によって窓ガラスが破損されたりするなどの被害が出ました。さらに、平成26年（2014年）9月に、前述したように岐阜県と長野県の県境にある御嶽山が突然噴火し、死者・行方不明者63名を出しています。これらのほかにも、鹿児島県の桜島や長野県・群馬県の浅間山などではつねに大小の噴火を繰り返しています。

私ごとになりますが、日ごろから疑問に思っていたことがありました。気象庁が台風や豪雨、雷雨、豪雪など気象に関する情報を提供していることは「気象」庁という用語から理解できました。しかし、気象庁が気象とは関係のない「地震」の発生や「火山」の噴火に関する情報を提供していることです。地震や火山は大地のなかのこと、地中のことだからです。

防災の関係者に聞いてみました。「気象庁は『地象』に関することも所掌の対象にしている」とのことでした。「地象」とは耳慣れない言葉でしたので、『広辞苑（第六版）』を開いて調べてみました。すると「大地に起こる現象」と説明されていました。改めて気象庁の事業内容を調べてみると、「気象、地震、火山、海洋などの自然現象を監視・予測し、的確な気象情報を提供することによって、自然災害の軽減、交通安全の確保、産業の発展などに寄与する」（『ブリタニカ国際大百科事典』）とありました。

（3）地形・地質にみる特質－繰り返される土砂災害

豪雨によって大量の水が一気に川を流れ、堤防の防御力の限界を超えると、堤防を乗り越えたり堤防が決壊されたりして、広い地域が洪水に見まわれることがあります。豪雨に関する情報が出されると、身近に流れている河川やその周辺の堤防にのみ関心が集まりますが、豪雨は平地を流れる河川を氾濫させ、洪水を引き起こすだけではありません。上流の山間地では土砂災害が発生する可能性があります。

豪雨は土砂災害とも深い関係がありますから、河川の上流での降雨の状況にも目を向ける必要があります。山間地に降った多量の雨が一気に斜面を下ることにより、下流域に洪水をもたらします。また、それに伴って大量の土砂が押し流されたり、がけなどが崩れたりして災害が引き起こされます。

土砂災害は地震で土地が揺さぶられることによって起きることがあります。平成31年（2019年）２月に発生した北海道胆振地方中東部の地震では、震源地付近の多くの斜面で地すべりなどの被害が出ました。また、令和５年（2023年）９月に、発生から100年を迎える関東大震災（大正12年、1923年）では、神奈川県小田原市などを中心に、あちこちの山間部の斜面などで大きながけ崩れや地すべりが起きたといいます。地震と聞くと、海岸部では津波を、都市部では火災を連想しますが、山間部では「もうひとつの津波（山津波）」である土砂崩れが発生することがあります。

さらに、土砂崩れや火砕流などによる土砂災害は、火山の噴火によっても引き起こされます。長崎県の雲仙・普賢岳の噴火はその一例です。

ひとつの自然災害が引き金になって、複数の自然災害が複合的、連鎖的に発生することから、広域的な視点から関連づけて捉えることが必要になります。

「土砂災害」とひとくちでいいますが、大きく分けると土石流、地すべり、がけ崩れの３つがあります。わが国は山がちな国土であることから、これらの土砂災害を受けるリスクがきわめて高いといわれています。

国土交通省は、土砂災害の危険箇所について、土石流危険渓流等、地すべり危険箇所、急傾斜地崩壊危険箇所等ごとの数字を公表しています。それによると、全国に、土石流危険渓流等が183,863か所、地すべり危険箇所が11,288か所、急傾斜地崩壊危険箇所が330,156か所あります。合計すると、525,307か所にもなります。

土砂災害防止法による土砂災害警戒区域等の公表済の区域数は、全国に約68万か所もあると報告されてます。

土砂災害の危険箇所や警戒区域等は、その多くが山間地の多い地域に集中していますが、都市部だからといって安心はできません。東京都にも15,491か所の警戒区域が指定されています。そのうち、大都市とされている34の区市にもあります。たとえば、港区に208か所、板橋区に149か所、文京区に106か所が指定されています。

地域の地形を理解することはもとより、地元の自治体が公表しているハザードマップや洪水浸水指定区域図などで防災情報に関心をもつとともに、災害リスクを事前に把握することが求められます。災害リスクについては139ページのコラムを参考にしてください。

近年、地球規模での気象変動の影響からか、各地で豪雨が多発しています。ゲリラ豪雨という言葉が聞かれ、テレビの気象情報番組で線状降水帯なる用語もよく見聞きするようになりました。

土砂災害は主に限度を超えた豪雨や地震によって引き起こされますが、それと合わせて地質が深く関わっています。鹿児島県や宮崎県など南九州一帯にシラス台地が広がっています。典型的な火砕流の台地です。シラスは火山の噴出物で、崩壊しやすい性質をもっています。こうした地質の地域では、大雨が降ると、がけ崩れがしばしば発生し、大きな被害をもたらしてきました。

また、広島県の山地は主に広島花崗岩からできています。雨や風で風化されると、砂のような土に変わる性質があり、「マサド（真砂土）」といわれています。マサドが地表を広く覆っている広島県では、これまでも土石流やがけ崩れなどの土砂災害がたびたび起こっています。土砂災害の発生には豪雨など気象条件とともに、その地域の地殻を構成している物質（地質）が大きく関わっています。

国土交通省の資料によると、令和２年には46都道府県で1319件の土砂災害が発生し、その件数は過去の平均の1.2倍だったといいます。特に７月豪雨は37府県で961件の土砂災害が発生し、過去最大クラスの広域災害になりました。具体的には、土石流等が178件、地すべりが74件、がけ崩れが709件でした。16名が犠牲になりました。発生件数の多かったのは、熊本県、鹿児島県、長野県、福岡県、神奈川県でした。熊本県では、統計を取りはじめてから最多の227件でした。

このような土砂災害は毎年繰り返されています。近年、テレビなどでも早めの避難を呼びかけていますが、なかなか徹底しないという課題があります。

たとえば岐阜県は、令和２年７月の豪雨災害における住民の避難行動について、被害が発生した高山市、関市、下呂市及び白川町の住民を対象にアンケート調査を実施しました。それによると、回答した約1000人のうち、約74％の住民が避難せず、それらの住民の約３割はハザードマップなどで自宅の安全性を確認はしていましたが、約５割は過去の経験のみで安全だと判断していたといいます。こうした結果は、この種の調査結果にほぼ共通しています。

過去の土砂災害を振り返ってみると、九州地方を中心に、日本の各地で毎年のように発生しており、そのたびに多くの人が犠牲になっています。直近の10年に発生した大規模な土砂災害をあげてみました。

- 平成23年（2011年）…３月の東日本大震災で土砂災害による犠牲者が19名。
- 平成23年（2011年）…９月、台風12号災害で、死者・行方不明者98名のうち、土砂災害による者が62名。
- 平成24年（2012年）…７月に九州北部で豪雨災害が発生。死者・行方不明者32名を出す。
- 平成26年（2014年）…８月豪雨で広島市内で土石流等が発生し、74名が犠牲になる。
- 平成29年（2017年）…７月に九州北部で豪雨災害が発生。
- 平成30年（2018年）…7月に広島市や呉市などで土砂崩れが発生。死者152名、行方不明者５名を出す。（令和４年8月10日現在）
- 令和２年（2020年）…７月豪雨では、熊本県や長崎県など37府県で、961件の土砂災害が発生。

土砂災害から住民の生命や財産を守るためには、砂防ダムや砂防堰堤の建設などハード面を整備することはもちろんのこと、避難訓練の実施、ハザードマップの作成と普及、そして何よりも住民の意識改革が求められます。

このほかにも、豪雪によって道路や鉄道など交通手段が遮断され、日々の生活や社会経済活動が影響を受けることがあります。竜巻や突風が発生して、家屋やライフラインが被害を受けています。私たちは「自然災害列島」に生きていることを自覚することが大切です。

このように、私たちの住む国土は自然災害が起こりやすいという国土の特質を子どもたちにしっかり理解させ、自然災害の怖さを実感させるとともに、「自分の身は自分で守る」ために適切な行動がとれる子どもたちを育てる教育が求められます。これが「自然災害防止教育」です。この教育は子どもたちに「生きる力」をはぐくむことに直結しています。

2 学校における防災対策の現状と課題

住民の防災意識の高揚に伴って、学校における防災教育の取り組みが以前にも増して重視されるようになってきました。しかし、課題がまったくないわけではありません。

ここでは、学校における防災教育を推進するうえで課題になっていることを抽出しました。これらは学校での防災教育が思うように行われにくい要因でもあります。今後、こうした課題に対して解決の糸口を探っていくことが、学校教育における防災教育、とりわけ自然災害防止教育の充実につながるものと考えます。

(1) 防災教育のための時間が設けられていない

現在、学校の教育課程（教育活動）は、道徳科を含めた各教科、外国語活動、総合的な学習の時間、特別活動から編成、実施されています。外国語活動では主に英語が取り上げられています。防災教育に重点的、集中的に取り組むための時間は設けられていません。このことは教室などに掲示されている時間割を見ればわかります。文部科学省が検定し、小中学校の子どもたちに無償給与されている教科書は教科ごとに作成されていますが、防災教育のための教材は自治体や防災関係の機関などが提供しているものを除いて、特に用意されていません。

かつて地球規模の環境問題がクローズアップされ、環境教育の必要性が強く叫ばれた1980年ごろ、「『環境科』を新設してはどうか」という声が環境問題の専門家などから出されたことがあります。環境に関する指導の効果を高めるには教科として位置づけ、体系的な指導が必要だとする考えから提言されたものです。ところがいまだ実現されていません。

近年では、食に関する指導（食育）の充実が課題になりました。文部科学省の研究開発学校では、「食育科」を教科として特設して実験的に取り組みましたが、いまだ「食育科」の新設に至っていません。

阪神・淡路大震災や東日本大震災等のあと、国民のなかに防災教育への関心が高まってきました。一部に「防災科」を新設してほしいという声が聞かれます。防災教育に特化した一定の時間枠を期待することは、いまの学校教育の枠組みをみると、環境教育や食育と同様、現実的ではないと考えます。

各方面から、学校教育に対して、防災教育の充実を求める声が高まっている今日、なんらかの手だてをとることが求められます。

学校に対して、教育委員会などから防災教育を一層充実させることが求められると、学校現場からは「防災教育の必要性はわかるが、教育活動のどこでどのように実施するのか」といった疑問や戸惑いの声が出されます。

現行の教育課程の枠組みでは、学校の判断で実践できる総合的な学習の時間を除いて、防災教育のための時間が設けられていません。特定された時間がないなかで防災教育を進めるためには、時間割に示されている教科等の学習指導のなかで実践することがもっとも現実的な方策になります。

（2）教科の学習で防災教育が実施されているか

学校における防災対策は、「防災管理」と「防災教育」から構成されます。これまでの学校教育における防災対策の傾向をみてみると、「防災管理」に比重がかかっていたように思われます。

各自治体では、校舎の耐震化工事を早急に進めたり、災害発生時に学校が避難場所になることを想定して、避難用品などの備蓄を充実させたり、避難の場所を安全な位置に移すなどみなおしが行われたりしてきました。また、学校の防災計画を点検し、避難訓練の実施や保護者への引き渡し訓練などを学校の行事として実施する学校が増えてきました。

日ごろから、さまざまな場面を想定して、防災訓練や避難訓練を繰り返し実施することはとても大切なことです。ただ、これらの訓練がマンネリ化していたり、子どもたちが必ずしも主体的に参加していなかったりしているところに課題があります。どうしてもイベント的な特別な活動として受けとめられています。普段の学習指導において、「もうひとつの防災教育」を展開する必要があるのではないかと考えます。

学校の教育活動の中心は各教科等の授業です。防災や自然災害に関する指導内容や学習活動は、各教科等に位置づけられており、ここで身につける知識や技能は命を守るため、確かな実践・行動をとる際の基盤になるものです。

小学校の学習指導要領を克明にみると、防災教育に関する指導事項は社会科や理科、生活科、家庭科、体育科（保健領域）、道徳科、特別活動（学級活動や学校行事）などに位置づいています。ただ、学校や教師が防災教育への関心が不十分だったり、防災教育との関連性を意識していなかったりすると、防災教育の実効性を期待することはできません。

平成10年版学習指導要領で新設された総合的な学習の時間には防災教育を課題として取り上げることができるようになっています。この時間は各学校の主体性を尊重する観点から、何をどう取り上げるのか、各学校が定めるとされているからです。ただ、この時間は教育委員会などが防災教育を課題として取り上げるよう指示することはできない仕組みになっています。このことはかなり徹底され、各学校が独自のカリキュラムを作成して実践するようになってきました。

防災教育としての避難訓練の実効性を高めるためには、避難訓練の場を命を守るための実践力と行動力（防災実践力）をはぐくむ機会として位置づけるとともに、日々の教科等の指導で確かな実践と行動のバックボーンとなるもの（防災基礎）を習得させる取り組みが必要です。

以上の考えを踏まえて、学校における防災対策を概念図として整理すると、次ページのようになります。ここでは、前述したように、学校における防災対策を「防災管理」と「防災教育」の２つの領域から構成しているところに特色があります。

これに照らして学校における防災対策の現状を整理すると、そのポイントは次の３つに集約できます。

その１つは「防災管理」にシフトした取り組みが先行して行われていることです。校舎の耐震化工事はほぼ100％実現されています。ほとんどの学校には備蓄倉庫が整備され、避難所の運営マニュアルも作成されています。

ただ、各学校において、災害発生時の行動計画が作成されていない状況がみられます。教員の研修については、いまだ充実しているとはいえない状況にあります。先行して実施されているハード面と比べると、ソフト面の防災教育に遅れがみられます。

その２つは、防災教育のうち、防災訓練や避難訓練などに代表されるように「防災実践」が中心になっていることです。これらの取り組みが防災教育だとする受けとめも一部にみられます。

図３：学校における防災対策の概念図

学校における防災対策

- 防災管理
  - ・防災計画の策定及び災害発生時の行動計画の作成
  - ・校舎の耐震化工事
  - ・避難所としての整備、避難所運営マニュアルの作成
  - ・備蓄用品の点検・保管
  - ・災害発生を想定した保護者への引き渡し訓練
  - ・防災・防災教育に関する教員研修の充実、教員の人事
- 防災教育
  - 防災実践（命を守るための実践・行動）
    - ・防災訓練、避難訓練、防災マップの作成など
    - ＊特別活動、総合的な学習の時間に指導
  - 防災基礎（確かな実践・行動のバックボーンとなるもの）
    - 【知識の習得】
      - ・自然災害の種類、歴史、被害状況、メカニズム等
      - ・身近な地域や国土の地形、地質、気候の概要
      - ・国や地方公共団体、地域における防災対策の実際（公助、共助の視点から）
      - ＊社会科、理科など
    - 【家屋の安全対策、災害時の応急措置等スキルの習得】
      - ＊家庭科や技術・家庭科
      - ＊体育科や保健体育科（保健領域）
    - 【命の大切さ、助け合い、思いやり、集団行動など】
      - ＊道徳科、特別活動（学級活動）、学級経営

（注）図中の・印は主な指導事項や活動を、＊印は指導する主な教科等を示しています。

そしていま１つは、防災基礎に関する指導の遅れです。防災基礎とは、防災や自然災害に対する基礎的な知識や、家屋の安全対策や災害時の応急措置などのスキルを習得する学習です。併せて、人命尊重や助け合うことの大切さや思いやりの心を養ったり、集団行動できる実践力を育てたりすることです。

概念図の「防災基礎」には、特に関連している教科等が示されています。

これらの知識や技能、態度や能力は、「防災実践」をより確かなものとするための基盤になるものです。先に指摘した防災訓練や避難訓練の課題を解決することにつながる重要な指導内容です。

また、これらはけっして特別の教育ではなく、学習指導要領に示されている内容でもあり、すべての学校において、教育課程に位置づけて指導することが求められています。

防災教育は「防災実践」と「防災基礎」の両輪から構成されており、両者を相互に関連づけることによって、相乗効果を発揮し、さらに充実した防災教育が展開されるものと考えます。

（３）防災訓練、避難訓練がマンネリ化していないか

防災教育は災害の発生時において、自分の命を守るための行動がとれるようにすることを究極のねらいにしています。そのために、学校や地域で日ごろから防災訓練や避難訓練を実施することは重要な取り組みです。

たとえば東京都の小中学校では、50年以上も前から月１回の避難訓練が実施され、月１回の安全の日（校舎内外の安全点検を実施する日）が設けられてきました。避難訓練は、主に校舎内での火災と地震の発生を想定したものです。こうした訓練はいまや全国的な広がりをみせているようです。

ところが、避難訓練が日常的に繰り返し実施されるようになると、子どもたちの緊迫感が徐々に薄れていきます。一部にマンネリ化している状況もみられます。子どもたちの当事者意識も希薄になっているように思われます。

災害の発生時には、その場で教師など指導者の指示に従って行動することも必要ですが、最終的には一人一人が状況を自ら把握し、自ら判断し、自ら行動することが重要になります。自らの命を自ら守る行動がとれるようにするには、避難訓練の目的を子どもたちに周知することはもとより、実施方法の不断の工夫と改

善が求められます。

学校においては、たとえば、授業中のほか、休み時間や放課後などさまざまな時間帯における実施、多様な災害を想定した訓練、実施の事前周知の有無、第一次、第二次の避難など、同じことを繰り返し実施しつつ、新たな課題を追加しながら、常に新鮮さと緊張感をもたせるようにしたいものです。

中学校や高等学校では、教師の指導のもとに防災訓練や避難訓練の実施計画を生徒に作成させたり、高齢者や障害者、幼児など災害弱者といわれる人たちに対して支援者になるための活動を組み入れたりするなど、生徒の防災訓練等への参画意識を高めることも考えられます。

このような取り組みはすでに地域住民や関係機関などと連携・協力しながら実施している学校や自治体もあります。

令和４年６月に、文部科学省は「水害リスクを踏まえた学校施設の水害対策の推進に向けて～子供の安全確保と学校教育活動の早期再開に資する靱やかな学校施設を目指して～」というタイトルの調査研究協力者会議からの中間報告を公表しました。これによると、各学校は、自治体などが出しているハザードマップや洪水浸水想定区域図などで、地域の水害リスクを把握し、それにもとづいて災害発生時の「行動計画」を作成することを求めています。

学校の施設が万一被害を受けたとき、教育活動を早期に再開するための対策や手順を想定しておくことも必要です。

（４）地震や津波災害への関心だけでよいか

学校における防災教育の状況をみると、地震や津波災害への関心が高いように思われます。

阪神・淡路大震災や東日本大震災、南海トラフ巨大地震の発生予測などによって地震や津波に対する関心が高まっています。前述したように、わが国は世界有数の地震国です。地震を誘発するとされる活断層は、全国に存在しています。こうした状況を踏まえると、地震やそれに伴って起こる可能性のある津波に関心が集まっていることはやむを得ないことです。

一方、地震の発生によって地盤が緩くなり、山崩れが引き起こされることや、その後の降雨によって土砂災害が起こることについては関心が薄いように思われます。

兵庫県淡路島の防災教育に取り組んでいるある小学校は、海岸の近くに位置しています。教師や保護者の多くは今後予測されている南海トラフ地震に関心が高く、学校はすでに津波から身を守る対策と指導を行ってきました。保護者が参加した防災学習や防災訓練も定期的に実施してきました。ところが、学校や町の背後には山地が広がっており、豪雨などによって「もうひとつの津波（山津波）」が起こる可能性がゼロではありません。にもかかわらず、地震や豪雨による土砂崩れにはほとんど関心を示してきませんでした。

学校で防災教育を実施するとき、教師や子どもたちはどうしてもより身近な地域で起こりうる自然災害に目が向きがちです。地震が発生すると、津波や土砂災害が連鎖して発生することがあります。豪雨によって平地を流れる河川が氾濫し洪水を起こすことがありますが、それだけではありません。上流の山間地で土砂崩れなどが発生すると、やがて下流域にも影響を及ぼします。

複数の自然災害が誘発されて同時に発生することもあり、広域的な視点から関連づけて捉え、複合的、連鎖的に発生することを踏まえた防災教育や防災訓練を実施することも必要です。これによって、子どもたちはさまざまな自然災害発生への関心を高めるとともに、それらから身を守る行動をとることができるようになると考えます。

私たちはさまざまな自然災害が発生する「災害列島」に生きています。子どもたちは夏休みなどを利用して、ほかの地域に出かけて海水浴やキャンプを楽しんでいます。山登りに挑戦することもあります。そうした場で自然災害に遭遇しないという保証はありません。

いまはたとえほかの地域に出かけるという行動をとらなくても、将来その可能性が十分あります。子どもたちは将来いま住んでいる地域を離れて、どのような地域で生活するようになるかわかりません。

身近な地域や周辺の地域で起こりうる自然災害に対する理解と関心を高めるとともに、わが国の国土で起こりうるさまざまな自然災害に対する基礎的な知識を広く習得させ、心がまえをもたせる教育が必要です。

（５）教員は必ずしも防災や自然災害の専門家でない

学校の教員はすべて教員免許状を取得し、誰もが学校教育のプロとして責務を果しています。ただ、教員免許状の主要な内容は学習指導や生徒指導、学級経営などに限定されています。防災や自然災害、防災教育に関する知識や技能は、教員免許状の取得要件に入っていません。これらの内容は教員を養成する大学での授業科目にも見当たりません。

そのため、教員の多くは必ずしも防災や自然災害、防災教育の専門家ではありません。学校での防災教育が思うように進んでいない要因のひとつがここにあるように思われます。

教育委員会や教育センターなどが実施している教員研修や講座の内容をみると、教科指導や生徒指導に関することが多く、教科横断的な教育課題を取り上げているところは必ずしも多くないようです。学校で取り上げられている課題には、情報（ＩＣＴ）教育、消費者教育、福祉教育、食育、租税教育、人権教育、伝統文化教育などがあります。教育課題の取り上げられ方には地域や学校による違いがみられます。

こうした要因から、管理職の課題意識の希薄さとともに、学校や地域に防災教育のリーダーが育っていないことがあげられます。総合的な学習の時間を活用して防災教育を展開している学校は多くないのが現状です。

公立学校の教員は原則として３年から７年ほどのスパンでほかの学校に異動していきます。都市部の学校に勤めていた教員が山間地の学校に異動することが普通に行われている地域もあります。山間部の学校から海辺の学校に異動することもあります。人事異動が広域的に行われています。まして、学校の置かれている地域で生まれ育った教員が配置されるとはかぎりません。

近年は、若い教員が急増していることもあり、赴任した地域で過去に発生した自然災害を知らず、また地域で起こりうる災害についての知識をもちえていない場合があります。教員が地域理解を深めるため、地域の状況について住民から直接聞き取るなどの研修が必要になります。

学校の校務分掌に「防災（教育）主任」（仮称）を位置づけている学校や地域があります。文部科学省は東日本大震災を受けて、防災教育について一定の水準の知識をもった防災担当教員を最終的には全国のすべての学校に配置することを推進しています。
　また、たとえば広島県教育委員会では、県の砂防課などの協力を得て、校長など管理職を対象に土砂災害防止について研修会を開催しています。これは近年県内の各地で土砂災害が多発していることを受けたものです。

　このように、さまざまな課題のある学校教育の場で、防災教育、とりわけ自然災害防止教育を推進するためにはどのような仕組みが必要になるのでしょうか。イベント的であったり、無理な実践であったりすると、長続きせず、一般化もしません。特定の教師が自らの関心で取り組んだ実践は、その教師がほかの学校などに異動していくと、やがて実践されなくなってしまいます。
　学校の働き方改革の必要性が指摘されています。学校教育の器は教育内容をはじめ、時間的、人的にすでに飽和状態にあるといえます。こうした状況のなかで防災教育をいかに充実させるかが課題になっています。
　防災教育を特別な教育として捉えるのではなく、現行の教育課程の枠組みのなかでいかに実施するか。普段の授業のなかでいかに実践するかを考えることがますます重要になってきています。
　しかもそれが特定の学校や教師が取り組む特別な教育としてではなく、どの学校においても普段の教育活動のなかで、無理なく実践できる防災教育にすることが肝要だと考えます。
「無理なく」とは、すべての学校が通常の教育課程の枠組みのなかで、日ごろの学習指導に位置づけて、すべての教師が取り組むようになることです。

3 釜石市の取り組みに学ぶ–なぜ「奇跡」が起こったのか

起こりえないことが起こると、人々は「奇跡が起こった」といいます。奇跡は、常識では考えられない神秘的な出来事だったり、既知の自然法則を超越した不思議な現象だったりします。簡単に起こるものではありません。

「奇跡だ」と即断することは、これまでの努力を正しく評価しないことでもあります。奇跡だといわれる事態がなぜ起こったのかを探っていくと、それは奇跡ではなく、起こりうるべきして起こったことが少なくありません。

ここでは、岩手県釜石市の小中学校における防災教育について検証します。

(1) 東日本大震災前に取り組んだ釜石市の地震・津波防災教育

東日本大震災において、岩手県釜石市の小中学校では避難が徹底し、犠牲者をほとんど出しませんでした。これをマスコミなどは「釜石の奇跡」だと報道しました。前述したように、奇跡とは起こりえないことが実際に起こることです。筆者は、釜石で起こったことを「奇跡」ではなく、それまでの取り組みの「実績」だと捉えています。

手元に、釜石市と釜石市教育委員会、それに群馬大学災害社会工学研究室が共同で取り組んだ防災教育の成果をまとめた「報告書」があります。報告書の名称は『平成20年度文部科学省　防災教育支援事業―子どもの安全をキーワードとした津波防災―』(平成21年3月)です。注目したいところは、文部科学省の指定事業として、平成20年度に取り組んだ成果をまとめ、文部科学省に平成21年3月に報告したものだということです。東日本大震災が起こったのは平成23年3月でしたから、丁度2年前です。

「実績」だといったのは、大震災が発生するまえから、釜石市内の各小中学校では、地震や津波に備えた教育が地道に行われていたからです。

では、どのような取り組みが行われたのか。報告書の内容をもとに、その概要のポイントを紹介します。

釜石市では、津波防災教育の目的を「今日明日にでも発生するかもしれない三陸沖地震津波に備えて、児童・生徒に『自分の命は自分で守ることのできるチカラ』をつけること」と設定していました。

当初、津波防災教育を行うに当たって、学校に何も課題がなかったわけではありません。たとえば、沿岸部の学校には内陸部出身の教員が多いため、教員自身が津波防災に関する十分な知識を有していませんでした。また、津波防災教育のための時間の確保が難しい。テキストや資料がない。防災教育として何を教えたらよいのかわからないなどたくさんの課題が指摘されていました。

釜石市の取り組みは、こうした学校現場の状況や課題を踏まえて、効率的に津波防災教育を行うことを基本に据えています。そのうえで、各学年の教科等から、”地震・津波・防災”に関連する単元を抽出し、その授業のなかでどのような内容を追加的に教えられるかをとりまとめています。

「報告書」には、「津波防災教育を実施するための授業時間を特別に用意しなくても、各学年の教科の中には、地震・津波・防災に関する授業の内容があります」と示されています。ここからも、釜石市の取り組みは、地震・津波防災に関する指導時間を特別に設けて、特別なことを指導するといったスタンスではないことがわかります。

釜石市の取り組みは、地震や津波だけでなく、風水害や土砂災害などほかの自然災害を取り上げるときにも一般性のある指導方法であると考えます。「特別な教育」と捉えているうちは、実践の広がりや継続性は期待できません。

（2）教科等における地震・津波防災に関する知識

次に、釜石市が作成した「各教科での地震・津波防災に関する知識の取り込み(案)」(小学校）を次ページ以降に紹介します。これは、各小学校で実践される各教科等において、地震・津波に関連する教科及び単元と、そこで習得させる地震・津波防災に関する知識を学年ごとに一覧にしたものです。

筆者が趣旨を変えない範囲で、一部加筆・再構成しました。単元名等は、釜石市立小学校で当時使用されていた教科書にもとづいています。作成当時の学習指導要領は平成10年版です。

表中の「地震・津波防災に関する知識」の欄には、知識を習得させるための子どもの活動や教師の発問、指導上の配慮事項等が、教科等や単元の特質を踏まえて記載されています。

表１：教科等における地震・津波防災に関する知識一覧

教科等・単元名		地震・津波防災に関する知識
【1・2年】		
生活科	〔上〕みんななかよし がっこう　たんけん こうてい　たんけん 〔上〕なかよしひろがれ もっとまちをしりたいね みんなでつかうばしょ みんなのためのくふう	• 学校内のいろいろな場所にいるときに地震が発生したらどうするかを考える。 • 避難場所や記念碑等、避難標識などを探してみる。 • 過去に津波がどこまできたのかを確認したり、絵地図づくりをしたりする。
国語科	〔2年〕今週のニュース こんなお話を考えた	• ニュースの例として、津波に関するニュースを紹介する。 • 津波を題材にした話へ発展させてみる。
算数科	〔2年〕 14　長いものの長さとたんい	• 津波の高さを用いて問題作成「津波の高さは釜石湾で3メートルになるらしいです。では3メートルは何センチ？」
【3・4年】		
社会科	1　見つめよう　わたしたちのまち 1　まちたんけんをしよう 3　ポスターや絵地図にまとめよう 4　わたしたちの市はどんな所 5　安全なくらしとまちづくり	• 避難場所や避難経路、石碑などを確認させる。 • 海と山にかこまれた釜石市では、おいしい魚はたくさんとれるけど、津波が来ることを教える。 • 震災による火災の話から、今後釜石にも大きな地震が来ることを教える。

	7　昔のくらしとまちづくり 1　昔のくらし　まちに残る昔を調べよう 8　わたしたちの県のまちづくり 3　県の地図を広げて	・過去の津波による被災状況やそれを今に伝える石碑等を教える。 ・沿岸地域の地形やその特色として、地震や津波が多いことを教える。
国語科	〔3年〕 たから物をさがしに 〔4年〕 つたえたいことをはっきりさせて書こう 新聞記者になろう	・「津波がきたら」を題材にした作文へ発展させる。 ・津波に関する記事を例として用いる。
算数科	〔3年〕 2　時こくと時間 時間のしくみを調べよう 〔4年〕 6　長いものの長さのはかり方 長さをはかろう	・津波の到達時間を用いて、単位の変換に関する問題をつくる。「津波は何度もくるので、避難したら3時間はそのままじっとしていることが必要です。では、何分でしょうか？」 ・津波の長さを用いて、単位の変換に関する問題をつくる。「津波は普通の波とちがって、長さが○キロメートルもあります。では、何メートルでしょうか？」
【5年】		
社会科	3　くらしを支える情報 4　住みよいくらしと環境 水産業のさかんな地域をたずねて	・防災行政無線の役割、津波警報や注意報について教える。 ・海沿いで魚はたくさんとれていいけど、地震や津波の危険もあることを教える。
理　科	5　台風と天気の変化 6　流れる水のはたらき	・洪水や津波から街を守るための施設として護岸工事や防潮堤工事が行われていることを紹介する。

国語科	目的に応じた伝え方を考えよう ニュース番組作りの現場から	・「ここでは有珠山の噴火をニュースにしたときのお話でしたが、津波がきたらどんな内容のニュースになるでしょうか？」といった感じで発展させる。
算数科	13　百分率とグラフ 比べ方を考えよう	・宮城県沖地震などの今後発生する確率を用いて、問題をだす。「○○地震は今後、70％の確率で発生するといわれています。これを小数にしたらいくつ？」
体育科（保健）	1　けがの防止 4　けがの手当て	・地震がきたら、どんなけがをする可能性があるのか、またそれを防ぐためにはどうしたらいいのかを考えさせる。
家庭科	作ってみよう、調べてみよう 2　作っておいしく食べよう 1　ごはんとみそ汁をつくってみよう	・地震や津波が発生した場合、”炊きだし”といって、避難場所で自分たちが食事をつくることがあることを伝える。 ・調理実習中や料理中に地震が発生したときの対処方法を教える。
【6年】		
社会科	5　暮らしと政治を調べてみよう 1　人々の願いとまちづくり ・郷土史、釜石の歴史	・災害時の政治のはたらきとして、被災者支援等を教え、過去の震災の被害や復興までの道のりを教える。 ・地域の防災まちづくり活動を紹介する。 ・過去の津波被害を考える。
理　科	5　大地のつくりと変化 地しんによる大地の変化 ・そのほか	・地震のしくみと被害の様子を教える。 ・地震の後には津波が来るということを確認する。 ・実験中に地震が発生した場合に起こりうる事故とその予防の仕方を教える。

国語科	イーハトーブの夢 自分の考えを発信しよう	• 宮沢賢治の生まれた年に、明治三陸地震が発生したことにふれ、被害の様子を教える。 • 発展として、津波に関わる自分の考えをまとめ、発表してもらう。
算数科	5　単位あたりの大きさ 　比べ方を考えよう 　2　速さの表し方	• 津波の速さを例にした問題をつくる。 「津波は陸上では、秒速○メートルです。海岸から○メートル離れたＡ君の家まで、津波は何秒できますか。」
家庭科	よりよい生活をめざそう 地域とのつながりを広げよう 　2　自分にできることをやってみよう	• 地域の人たちから過去の津波被害を聞いてみる。 • いざというときに、何ができるかを考える。
【全学年共通】		
国語科	• 読書についての発展学習で、津波に関する図書を読む。 • 津波関連図書を読み、作文活動や感想を書く。 • レポートを書く学習で、津波や防災を題材にする。 • 津波や防災をテーマにした新聞づくり。	
道　徳	• 生命の尊厳、郷土愛 • 田老万里の長城、稲村の火	
体育科	• 着衣泳で、水中歩行の困難さを体験する。	
総合的な学習の時間	• 津波パンフレット、防災マップづくり • 体験者からの聞き取り、地域の津波痕跡調査 • 演劇	
特別活動	• 避難訓練 • 長期休業日前の注意	

（注）釜石市・釜石市教育委員会『平成20年度文部科学省　防災教育支援事業－子どもの安全をキーワードとした津波防災－』（平成21年3月）より。

同じような資料は中学校向けにも作成されていました。それをみると、1年の社会科の地理的分野の授業では、”釜石と津波” ”三陸沿岸と地震”などのテーマで調査の企画を立てさせています。2年の数学科では、連立方程式の利用に関連して「避難する際に、おばあちゃんの家に寄っていくことにしました。無事に避難するためには、地震発生後、何分までに自宅を出発し、おばあちゃん宅から何分以内に避難しなければならないでしょうか」といった問題を作成しています。

また、体育科の保健では、災害発生時に起こりうるけがや、それを防止するための対策について、心肺蘇生法やAEDの使用方法などを教えています。家庭科では、災害に対する家屋の安全対策（家具の固定など）や非常持ち出し品として用意しておくものを考えさせています。

さらに、国語科では、津波関連の図書を読んで、作文にまとめたり感想を書いたりするようになっています。英語科でも、Tsunamiに関する図書や資料を教材として活用するようになっています。

釜石市の小中学校の教育課程からまず気づくことは、地震や津波を中心にした防災教育や津波教育を特別な教育として捉えるのではなく、通常の教育活動や授業において自然なかたちで実践できるように計画されていることです。これにより、すべての学年で、すべての教師が指導することができるようになっています。そこでは、地震や津波についての基礎的な知識や技能と、それらにもとづく避難訓練や避難行動がセットになっていることもわかります。

防災訓練や避難訓練を繰り返し実施することはきわめて重要なことですが、避難訓練だけが防災教育ではないことがわかります。状況を踏まえた確かな避難行動を促すためには、その基盤となる基礎的な知識や技能を日常的に継続して身につけさせる必要があります。避難訓練をマンネリ化させず、目的意識をもって主体的な参加と行動を子どもたちに促すためには、日々の授業のなかで、自然災害を常に意識し、自然災害に対する関心を持続させることが求められます。

本「報告書」は、「釜石市では、小中学校での津波防災教育を継続していくことにより、『釜石に住むことは津波に備えるのは当たり前』という文化を形成するとともに、『津波は忘れたころに来るけど、釜石はこれほどまでに魅力的な郷土である』という郷土愛を育んでいきたい」としています。

「報告書」をもとに、釜石市教育委員会は『釜石市津波防災教育のための手引き』を作成し、東日本大震災のまえの年（2010年）に発行しました。各小中学校では、東日本大震災が発生するまえから津波防災教育を教育課程に位置づけて、全教育活動をとおして実施していたことになります。

釜石市でも東日本大震災の津波で多くの方が犠牲になりましたが、小中学生は99.8%が無事だったといいます。「家族がてんでに逃げろ」という言い伝えの「津波てんでんこ」（津波の避難勧告が出たら、自分の判断で高台へ率先して逃げるという「率先避難者たれ」）が徹底し、「釜石の奇跡」が起きたのは、こうした事前の津波防災教育が市内のすべての小中学校で継続して実施されてきたことによる「実績」が実を結んだものといえます。

各小中学校において、地震や津波に対する持続的な関心と確かな知識の習得のうえに、日ごろの防災訓練や避難訓練が位置づいていたこと、すなわち、知識と認識と行動が一体になっていたことが、子どもたちの生命を守ったことにつながったものと考えられます。

Ⅱ章　学校における安全教育と自然災害防止教育
－両者はどう関連しているか－

本章の趣旨

学校安全は、安全管理と安全教育から構成されています。安全管理は子どもの安全を確保するための人的、物的な環境を整えることをいいます。一方、安全教育は、身の回りの事故や災害の実情や防止等について理解し、日常生活において事故や災害から身を守る行動がとられる子どもを育てることをねらいにしています。

学校では、従来から安全教育が実施されてきました。身の回りにはさまざまな事故や災害がみられますが、防災教育は安全教育にどのように位置づいているのでしょうか。また、本書で取り上げている自然災害防止教育は防災教育にどのように位置づいているのでしょうか。

両者の関係を把握することは、防災教育や自然災害防止教育の目的や目標を考えるうえで重要なことだと考えます。安全教育の目標は、防災教育と自然災害防止教育において共通した内容と、それぞれにおいて固有な内容が位置づいているからです。

以上のような考えにもとづいて、本章では、まず安全教育の考え方や枠組みを示し、そこでの自然災害防止教育の位置づけについて解説します。防災に関連して、対象を明確化することによって、実践を焦点化、具体化させることができます。たとえば、地震津波教育、砂防教育など教育の対象を限定した用語がすでに使用されています。安全や防災に関する多様な用語の関係性と使い分けを押さえておくことは、学校や地域社会で取り組む際に、また、理解と実践の共有化を図るうえで大切なことだと考えます。

本章では、学校において、特に自然災害防止教育を推進するとき、学校教育に要請されている課題についても整理しています。

1 安全教育の考え方と自然災害防止教育の位置

学校ではこれまで「安全教育」という名称で、子どもたちの安全に関するさまざまな取り組みが行われてきました。安全教育と防災教育、安全教育と自然災害防止教育とはどのような関係にあるのでしょうか。

ここでは、安全教育の考え方を整理し、そのうえで自然災害防止教育の位置づけについて考察します。

（1）学校における安全教育の考え方

文部科学省の資料によると、学校安全の意義について、「児童生徒が自他の生命尊重を基盤として、自ら安全に行動し、他の人や社会の安全に貢献できる資質や能力を育成するとともに、児童生徒の安全を確保するための環境を整えることにねらいがある」としています。

ここから、学校安全には、子どもたちに自らの安全とともに他の人や社会の安全に貢献できる資質・能力を育成するという「安全教育」と、安全な環境を整備するという「安全管理」の側面があることを読み取ることができます。

安全教育とは、子どもたちが自らの行動や周囲の環境に存在しているさまざまな危険を制御し、自ら安全に行動したり、他の人や社会の安全のために貢献したりできるようにすることです。これは自他の生命尊重です。安全管理とは、子どもたちを取り巻く生活や社会を安全な環境として整えることです。「安全教育と安全管理」（教育と管理）は学校安全の両輪です。

そのうえで、安全教育と安全管理が円滑に機能するように、学校や地域社会が組織的に活動することを重視します。

子どもたちの安全を守るために、下記に示した時系列で捉えた事前、発生時、事後の３段階の危機管理に対して、安全教育と安全管理の両面から取り組みます。安全教育と安全管理を横軸にとり、３段階を縦軸（時間軸）に位置づけてマトリックス表を作成し、整理するとわかりやすくなります。

① 安全な環境を整備し、事件・事故、災害などの発生を未然に防ぐための事前の危機管理

② 事件・事故、災害の発生時に適切かつ迅速に対処し、被害を最小限に抑えるための発生時における危機管理

③ 危機が一旦収まったあと、心のケアや授業再開など通常の生活の再開を図るとともに、再発の防止を図るための事後の危機管理

ややもすると、災害の発生時の危機管理や取り組みに関心が向きがちです。しかし、「予防（備え）こそ最大の危機管理」といわれるように、あらゆる災害やその発生状況を想定して未然に防ぐ対策をとることが重要です。また、災害に遭遇したあと、災害を忘れないようにする取り組みも必要です。災害の体験から教訓を引き出し、今後に備える体制を確認します。

事前、発生時、事後の３つの取り組みは循環（サイクル）しており、これらを一連のものとして捉え、実施することを心がけたいものです。

（2）学校安全の領域と自然災害防止教育の位置づけ

学校安全は前述したように、「安全教育」と「安全管理」の２つの側面から構成されています。学校安全が対象にしている内容には、大きく次の３つの領域があります。いずれにも「安全教育」と「安全管理」の側面が位置づいています。

１つは「生活安全」です。これは日常の家庭生活や地域社会で起こる事件や事故災害です。これには、誘拐や傷害などの犯罪被害防止も含まれ、地域の防犯維持の観点から、近年学校において重要な課題になっています。わが国は諸外国と比べて治安がよいとされてきましたが、さまざまな面でその悪化が心配されています。川や用水、海などでの水の事故があとをたたず、対策が求められています。

２つは「交通安全」です。さまざまな交通場面において、危険を予測し、回避することです。わが国では学校だけでなく、地域社会が交通安全教育に力を入れてきた経緯があり、住民のあいだに定着しています。近年、自転車の乗り方などでルールやマナー違反が目立ち、新たな課題になっています。

そして、３つは「災害安全」です。ここでは、地震、津波、火山の活動、風水害や雪害などの自然災害を対象にしています。これらは自然現象として、あるいは自然の変化として起こる災害であり、一般に天災といわれます。

「災害安全」には、火災や原子力災害も含んでいます。これらは主として人間の過失や不注意などが原因で起こる災害（人災）です。かつては、学校での火災

図4：「学校安全」のイメージ図

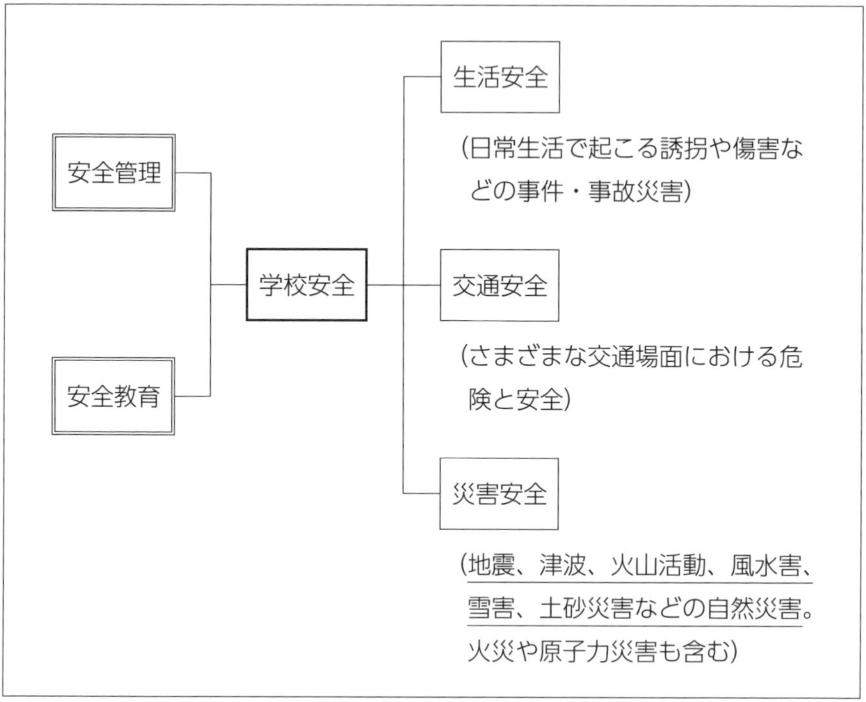

の発生を想定した防災教育の取り組みが多くみられました。

また、東日本大震災の折りに津波で被害を受けた原子力発電所の事故により、原子力災害に対する関心が高まってきました。

このように、学校安全が対象にしている領域は、あらゆる事件や事故、災害にわたっており、きわめて広いことがわかります。

以上のことを構造的に整理すると、上記のようなイメージ図になります。

イメージ図をみると、学校安全には、生活安全、交通安全、災害安全の３つの領域があります。このうち、災害安全には、地震、津波、火山活動、風水害、雪害、土砂災害などの自然災害（天災）と、火災や原子力災害といった主として人災が含まれています。これらのさまざまな災害から身を守る教育（ソフト面の取り組み）が「防災教育」といわれてきました。

本書で取り上げている「自然災害防止教育」は、安全教育のひとつの領域である「災害安全」に位置づいていることがわかります。さらに、自然災害のうち、地震や津波を対象にした教育を地震・津波教育、土砂崩れなどの土砂災害に焦点を当てた教育を土砂災害防止教育とか砂防教育などということがあります。

教育に焦点を当ててベン図風に表現すると、「安全教育＞防災教育＞自然災害防止教育＞土砂災害防止教育（砂防教育）」と表すことができます。左側ほど大きな概念であることを意味しています。

現在、学校や地域社会においては「防災教育」という用語が一般的にいわれていますが、これには火災などの人的な災害も含まれています。そのため、本書では特に自然災害に焦点を当て、それらを防止し、自然災害から身を守る教育を「自然災害防止教育」と表現しています。

なお、学校における安全教育は、学校給食における食中毒や食物アレルギー、薬物乱用、違法・有害サイトを通じた犯罪、児童生徒間暴力の防止や解決、いじめや自殺の防止、学校環境の衛生、喫煙や飲酒の防止などの課題も対象にしています。安全教育は対象や範囲の広い概念です。これらの課題は、学校給食、学校保健、生徒指導、健康教育などの関連領域で指導されています。

（3）災害安全に関わる取り組みの内容

学校安全において、安全教育と安全管理は車の両輪であること、両者を機能させるものとして組織的な活動があることをあげました。ここでは、学校安全のうち、災害安全に焦点を当てて、主な実践場面や活動内容を整理します。

まず、災害安全の教育（自然災害防止教育）に関する側面です。現在の教育課程の枠組みには自然災害防止教育を重点的、集中的に実施する時間は設けられていません。全教育活動を通じて実践することになっています。小学校においては、社会科や理科、生活科、家庭科、体育科（保健領域）、道徳科などの教科や総合的な学習の時間、学級活動や学校行事などとして実施されることになります。

次に、災害安全の管理に関する側面です。防災に焦点を当てると、たとえば次のような取り組みが考えられます。

- 学校としての防災計画の策定や災害発生時の行動計画の作成、実効性ある防災のための組織づくり、保護者や関係機関への連絡方法の検討など
- 避難場所、避難経路の確保、1次・2次避難経路の設定と確保・点検など不

断の見なおし

- 防災準備の点検、防災情報の活用方法の設定
- 地域社会における防災情報の収集、防災に関する意識や行動、過去の災害発生状況等の調査など

これらの取り組みは、学校における子どもたちの安全確保（学校における防災管理）に主眼を置いたものです。

また、災害安全の教育と管理を支える組織活動については、次のような内容が考えられます。

- 学校が策定した防災計画にもとづいて、校内の防災教育・管理体制を確立する。校務分掌に校長の下に防災教育の推進者（担当者）を明確に位置づけるなど、組織的な指導体制を整備する。
- 校内や教育センターなどで、防災教育や防災管理を盛り込んだ防災対策に関する教員研修を充実させる。
- ＰＴＡ組織とともに、地域の自治会や町内会、消防団などの関係機関の協力を得る。そのために、学校と家庭や地域社会との連携を図るために地域学校安全委員会（仮称）等を設置する。既存の組織を活用することもできる。
- 災害発生時における対処要項（行動計画や危機管理マニュアルなど）を作成する。計画や実施状況に対して、防災の専門家から日常的に指導・助言や評価を受ける。併せて、避難の訓練や運営のシミュレーションを通じて行動計画やマニュアルの改善を図る。
- 保護者を対象に、講演会の開催や資料の配布など安全や防災に関する啓発活動を実施する。
- 家庭や地域社会と連携し、学校のみならず、地域ぐるみの防災活動や防災訓練を開催するなど。

これらは、学校内の指導体制とともに、保護者や地域住民との連携・協力を強化するものです。

以上は、文部科学省がとりまとめた参考資料『「生きる力」をはぐくむ学校での安全教育』などを参考にしました。

2　学校における自然災害防止教育の課題

平成29年に告示された学習指導要領（小学校は令和２年度から全面実施）をみると、自然災害に関わる教育内容がかなり充実してきたことが読み取れます。これらはこれまで遅れがちだった学校における防災対策のソフト面（防災教育）の充実として捉えることができます。

ここでは、学校の実情やⅠ章の２節で述べた学校の課題を踏まえて、防災教育、とりわけ自然災害防止教育を充実させていくために、今後学校として取り組んでいきたい課題について検討します。

（1）学校教育に求められる新たな課題

平成30年７月豪雨を踏まえて、国土交通省内に設けられた「水害・土砂災害からの避難に関するワーキンググループ」は、平成30年12月に「水害・土砂災害からの避難のあり方について（報告)」をとりまとめました。

「報告」では、「これまでの『行政主導の取組を改善することにより防災対策を強化する』という方向性を根本的に見直し、住民が『自らの命は自ら守る』意識を持って自らの判断で避難行動をとり、行政はそれを全力で支援するという、住民主体の取組強化による防災意識の高い社会の構築」の重要性を提言しています。

ここでは、これまでの「行政主導の取組」を見なおし、「自らの命は自ら守る」意識をもって自らの判断で避難行動をとり、行政はそれを支援するとしているところにポイントがあります。このことは、自助意識をもった防災意識の高い社会を構築することを目指しているものです。行政任せ、行政頼りの傾向を改め、住民の一人一人が自らの命を自らが守る行動がとれる、自立した人間が求められているといえます。行政主導の防災対策から住民が主体になった防災対策へ、シフトを移行したものと受けとめることができます。

これは、従来から行政が中心になって進めてきた堤防やダム、砂防堰堤の建設など、ハード面を引き続き整備することはもとより、今後は、住民への教育・啓発といったソフト面の対策がなお一層重要であることを指摘しているものです。

後者のソフト対策に関連して、ワーキンググループは、学校教育に対して、

「『自らの命は自らが守る』意識が醸成された地域社会を構築するため、子供のころから地域の災害リスク等を知り、命を守る行動（避難）を実践的に学ぶこと」や「単にハザードマップを見るだけでなく、災害で何が起きるのか。もし避難しなければどういった悲惨な状況になるのか理解すること」が重要であると学校教育の役割を強調しています。

そのうえで、自治体の防災部局など関係機関からの支援を得て、次のような取り組みを求めています。

- 水害・土砂災害のリスクのあるすべての小学校、中学校等において、毎年、梅雨や台風の時期を迎える前までを目途に、避難訓練と合わせた防災教育を実施する体制を構築する。
- その他の小学校、中学校等においても、防災教育を充実し、子どもに対して「自らの命は自らが守る」意識の徹底と災害リスクや災害時にとるべき避難行動の理解促進を図る。

なお、ここでいう「水害・土砂災害のリスクのあるすべての小学校、中学校等」とは、浸水想定区域内・土砂災害警戒区域内に位置し、水防法及び土砂災害防止法にもとづいて地域防災計画に位置づけられた施設や学校を指しています。また、ここでは、「その他の小学校、中学校等」の果たすべき課題についても論及しており、防災教育を一層充実させることがすべての学校において喫緊の課題になっています。

これらは、すべての学校において求められている、自然災害を対象にした防災教育の新たな課題として受けとめることが肝要です。

ここでの提言は、近年多発している水害や土砂災害の発生を受けて検討されたものですが、地震や津波、火山の噴火などさまざまな自然災害に対しても、同様に受けとめる必要があります。

（2）災害を自分のこととして捉え、「自助」意識の高揚を図る

自然災害の発生が予測され、身を守る行動をとることが求められているなかで、さまざまな理由により適切な避難行動をとっていない住民が多いことがたびたび指摘されています。さまざまな調査において、前述した岐阜県が実施した令和２年７月の豪雨災害における住民の避難行動についての調査結果と同様な傾向がみ

られます。

自然災害から身を守る「自助」意識を養うためには、学校教育において日ごろから防災訓練や避難訓練などをとおして命を守るための防災実践力を養うとともに、それらの実践や行動の基盤となる自然災害や安全対策についての基本的な知識や技能を習得させ、命の大切さや思いやりの心、助け合いの精神を育てる必要があります。これは防災実践と防災基礎をセットにした防災教育を一層充実させることです。

これからの学校教育では、特に自然災害に関して、自分の住んでいる地域で過去にどのような災害が発生したか。今後、どのような自然災害が起こりうるのか。なぜそのような自然災害が発生するのか。自然災害を防ぐために、行政など関係機関がこれまでどのような対策をとってきたか。あるいは現在とっているか。自然災害の発生に備えて、住民は地域でどのように協力し合っているか。あるいはどのように協力し合うことが求められるのかなど、子どもたちに自然災害のもたらすリスクを認識させるとともに、「公助」と「共助」の観点から、過去及び現在における防災対策の取り組み状況を理解させることが重要です。

これらの知識が「自分は何をすべきか」「自分にできることは何か」など自然災害に備える「自助」の中身を具体的に考える基盤になります。身を守る術（すべ）を考え実践しようとする意欲や態度を育てることにつながります。

「自助」の意識や行動力は、「公助」と「共助」の取り組みについての確かな理解のうえに位置づいています。防災に対する基礎的・基本的な知識や技能を習得させ、子どもたちに自然に対する畏敬の念や周囲の人たちへの思いやりの心をはぐくむことにより、「自分の身は自分で守る」行動をとることのできる人間に成長していくものと考えます。

先に紹介した「報告」は、「『自らの命は自らが守る』意識が醸成された地域社会を構築するため、子供のころから地域の災害リスク等を知り、命を守る行動（避難）を実践的に学ぶことが重要である」としています。

災害の発生時において身を守る行動（安全な避難行動）がとれるようになるために、その前提として「地域の災害リスク等」を知ることをあげていることに注目したいと思います。このことは学校教育の新しい課題を指摘しているものです。

地域の災害リスクを把握することは、子どもたちや住民だけでなく、教師にも求められます。

内閣府が実施した防災に関する直近の世論調査によると、災害が発生した際にとる対応として、「自分で身を守る」の「自助」を指摘した割合は39.8%でした。前回の調査と比べて、18ポイント余りも増えました。「地域などで助け合う」の「共助」をあげたのは24.5%です。前回から14ポイント近く増えました。それに対して「国や自治体による支援」の「公助」はわずか6.2%でした。さらに「自助、共助、公助のバランス」の重要性を指摘した割合は28.8%で、前回から30ポイント近くも少なくなりました。調査結果から、住民の意識にも変化がみられることがわかります。

これからの学校教育では、子どもたちが地域で起こりうる自然災害や災害リスクを、将来自分たちが実際に遭遇する可能性のあることとして受けとめ、自分のこととして捉え、一人一人が「自助」意識を高めることが一層重要になります。他人任せや他人ごととして受けとめていては、自らの命を自ら守ることはできないことを徹底する必要があります。

(3) ハードとソフトの面から学校の防災力を高める

国民の防災意識の高まりが追い風になって、学校の防災力を高めるために、学校建築や施設・設備といったハード面の改善が行われてきました。

たとえば校舎の耐震化工事が促進され、いまではほぼ100%実現しています。また、学校が避難場所として非常食の内容や防災用具等が充実され、これらの保管場所についても見なおしがなされるなど、避難住民の受け入れ体制が整備されてきました。体育館など避難場所の空調設備の改善や車椅子使用者用の施設・設備の改修・整備についても関心が集まっています。

今後は、新型コロナウイルスなどへの感染症対策をはじめ、特に高齢者や障害者、乳幼児など災害弱者といわれる人たちへの一層のきめ細かい配慮が求められます。水道や電気などライフラインが被害を受けたときの飲料水の確保やトイレの設置など、保健衛生上の対策をさらに充実させたいものです。

学校の防災力を高めるためには、ソフト面の取り組みや改善も必要です。これまで各学校では、地域で起こりうる自然災害の発生を想定した対応マニュアルの作成、関係機関等と連携・協力した避難訓練や防災訓練の実施、保護者への引き渡し訓練など家庭との協力体制の構築など、防災実践に焦点を当てた取り組みが行われてきました。

東日本大震災の津波で、84人の子どもや教師が犠牲になった宮城県石巻市立大川小学校をめぐる裁判では、損害賠償を求めた遺族の勝訴が確定しました。最高裁の判決では、教員らは地域住民よりもはるかに高いレベルの防災知識と経験が求められると指摘しています。そのうえで、校長らが大川小学校の置かれている立地などを詳細に検討していれば、被害は予見できたとしました。マニュアルを十分に検討し、適切な避難先を記載していれば、被害は防げたとする判決でした。学校や教育委員会にとってはきわめて厳しい結果でした。

判決に対して、宮城県知事は「我々が思っている以上に、子供の命を守るための学校現場での防災力が求められることが明らかになった」と述べ、石巻市長は「全国の学校に影響する厳しい判断が示された。教育現場で二度と犠牲者を出さないように、これからも防災教育や事前防災の充実に取り組んでいく」と決意を述べていました（『読売新聞』2019年10月11日付）。いずれも判決を重く受けとめていることが伝わってきます。

子どもたちの命を守る教師の役割の重要性が改めて確認され、学校の防災力を高めることの大切さを強く印象づけた判決だといえます。各学校や教師は、津波にかぎらず、あらゆる災害に対して、高い防災意識と防災知識をもちつづけることが求められます。

学校運営上の最終責任者は校長です。教育委員会の指導のもとに、自校の教育課程（教育計画）の編成と実施に責任を有しています。学校の防災力のソフト面の向上は校長のリーダーシップにかかっているといえます。

校長の防災意識を高め、校内の指導体制を確立させるには、防災対策について研修の機会を増やす必要があります。防災意識を高め、防災知識を深めるために教員を対象にした体系的な研修カリキュラムを策定し、職階ごとの研修会を継続的に実施することが求められます。研修内容には、行政や地域社会の防災対策とともに、防災実践と防災基礎から構成される学校における防災教育の取り組みが含まれます。

（4）学校と行政、地域住民との連携・協力体制を構築する

災害の発生時において、学校と行政機関や地域の住民組織が連携・協力して機動的に対応できるようにするためには、日ごろの意思疎通と関係構築が欠かせません。

公立の小・中学校は市区町村の、高等学校や特別支援学校は主として都道府県の各教育委員会の所管です。教育委員会が管内の各学校の教育課程や教育活動に対する指導・助言や教員の人事配置などを行っています。そのため、管理職や教員の関心や意向は当該の教育委員会に向いているといわれます。市長部局の動向に対して関心が薄いのが現状です。各学校と市区町村や都道府県の防災部局との情報の相互の流れは必ずしもスムーズではないように思われます。

各学校や教育委員会は、国や都道府県、市区町村の水害や土砂災害の関係者と日常的に連携・協力体制を構築する必要があります。具体的には、市区町村や都道府県の関係機関に、教員研修への参画や学校の防災計画への指導・助言、学校の防災教育への出前授業などを依頼することが考えられます。関係機関による出前授業については、次の節で詳細に述べています。

ちなみに、国土交通省が直轄している砂防関係の組織（事務所等）は全国に51機関あります。名称は、○○砂防事務所や○○河川事務所が多く、○○河川国道事務所や○○砂防国道事務所などさまざまです。北海道は○○開発建設部となっています。

都道府県庁や市区役所、町村役場においても、自然災害や危機管理を所管している部署は必ずあります。これらの機関の組織図に目を通し、連絡先や連絡方法を確認しておきます。

地域社会では、自治体や町内会、消防団や水防団などの住民組織が日常的に防災対策に取り組んでいます。かつて行政や企業などで自然災害の防止事業に携わった人たちが地域に住んでいることもあります。それらの人たちは専門的な知識をもっています。この地域で過去にどこでどのような災害が発生したかなど地域の実情についてよく知っており、それらの人から話を聞くことが貴重な研修の機会になります。

これらの人たちが、子どもたちにとって身近な人だったり、家族だったりすることもあります。

市区町村や都道府県の防災や河川、砂防などの部局と域内の学校をつないでいるのは教育委員会です。また、各学校において、地域の住民組織や関係機関と教員とのコーディネータ役を果たしているのは校長など管理職です。このことは、教育委員会や学校の管理職の自然災害に対する防災意識が問われることを意味しています。

学校で防災教育を推進することは、子どもたちの防災意識を高めるだけではありません。保護者を教育・啓発することにもつながります。学校で自然災害に備えて、たとえば「防災グッズ」について学んだ子どもたちは、「自分の家ではどうだろうか」と考えます。子どもたちは学校で学んだことや疑問に思ったことなどを家庭にもち帰って、保護者と話題にします。

学校と行政と保護者、地域住民が相互に連携・協力体制を構築することにより、学校の防災力にとどまらず、家庭や地域社会の防災力を高めることができます。

3　関係機関からの授業支援

教師は子どもたちに教えるプロですが、防災や自然災害について必ずしも深い専門的な知識をもっているわけではありません。「餅は餅屋」といわれるように、それぞれの専門家から援助や支援を受けながら、共に子どもの教育に当たることが大切です。現在、さまざまな企業や団体などが学校の教育活動に対して支援体制を整えています。「出前授業」もそのひとつです。

ここでは、学校での防災教育、とりわけ自然災害防止教育をさらに充実させるために、自然災害のうち、特に土砂災害に焦点を当てて、学校と河川・砂防などの関係機関との連携づくりのポイントや課題などを検討します。

(1) 学校と関係機関の連携のポイント

①　共に子どもの教育に当たる

学校が地域の教育的に価値のある資源（教育資源）を利活用して、教育活動や授業の質向上を図ることは従前から求められてきた課題です。すでに、地域の素材を教材化したり人材の協力を得たり、さらに施設や関係機関等を利活用したりする取り組みが行われてきました。

地域には自然災害の痕跡が残っていることがあります。自然災害が過去に発生したことを示す伝承記念碑が設置されている地域もあります。こうした地域では、自然災害は今後も起こりうる可能性があります。地域には自然災害の防止に取り組んでいる人たちが住んでいます。防災や自然災害に関わる博物館や郷土資料館などの施設や関係機関などがあります。

自然災害防止教育を推進する際には、これらの教育資源を有効に利活用することにより、学校がかかえている課題解決につながり、防災教育の質をさらに高めることができます。

ここでは、特に土砂災害に焦点を当てて、学校と主に河川や砂防事業に関わっている行政機関や博物館など関係機関との連携のあり方を、学校の立場、すなわち教師や子どもたちの立場と、学校を支援する関係機関の立場の両者から考えます。

河川や砂防など自然災害の防止事業に携わっている立場から学校における防災教育の現状をみると、多少のもどかしさを感じるかもしれませんが、現在、学校においても働き方改革が進行しており、すべてのことを学校に丸投げする時代ではなくなってきています。

子どもたちが学ぶ主要な場は学校です。学校が中心になり、保護者や地域社会と一体になって、共に地域の子どもたちを育てるという理念に立つことが基本です。これまでも、関係機関や施設、団体などは、それぞれの得意分野を生かし、学校や教師と連携・協力しながら、子どもたちの教育指導に当たってきました。学校と関係機関が連携・協力するとは、両者のどちらか一方に過度な負担をしいるのではなく、両者が一体になって、共に子どもの教育に当たることが大切です。また、双方にメリットがなければ、長つづきはしません。

②　連携・協力の内容と方法

学校は出前授業を実施する関係機関から、どのような支援を求めているのでしょうか。一方、関係機関は学校にどのような支援を提供したいと考えているのでしょうか。両者の期待や思惑が一致することが期待されます。ここでは、連携・協力の内容と方法について整理しました。

○　現地の見学

「百聞は一見にしかず」といいます。堤防や砂防ダム、砂防堰堤など土砂災害などを防ぐ施設や設備を実地に見学します。災害に関わる石碑や記念碑などを見つけることもできます。現地では関係者から由来などの説明を聞きます。近年では、ドローンを使って、より広い範囲から施設の位置や働きを捉える取り組みも行われています。

現地見学などにおいては、子どもの安全確保に最大の配慮が必要です。学校の教育課程に位置づけて実施することが重要です。

○　博物館等の利用

地域には博物館のほかに、郷土資料館もあります。自然災害に関しては、防災や砂防、火山に関する博物館などがあります。

砂防に関しては、たとえば、砂防資料館（山梨県）や立山カルデラ砂防博物館（富山県）、地すべり資料館（新潟県）、岐阜県さぼう遊学館（岐阜県）、和歌山県土砂災害啓発センター（和歌山県）、亀の瀬地すべり歴史資料室（大阪府）など各地にあります。また、火山に関しては、たとえば、洞爺湖町立火山科学館（北海道）、磐梯山噴火記念館（福島県）、嬬恋郷土資料館（群馬県）、伊豆大島火山博物館（東京都）、雲仙岳災害記念館（長崎県）、桜島ビジターセンター（鹿児島県）などがあります。

博物館や郷土資料館などを利用するときには、展示されているものを一度にあれもこれも見るのではなく、ねらいを絞って見学させます。可能であれば、必要なときに繰り返し利用します。

学校での見学がきっかけになって、夏休みなどに家族と一緒に改めて訪れる子どもが出てくることを期待したいものです。

○　専門家からの話

学校での出前授業や見学した博物館などで、学芸員さんなど専門家から話を聞きます。話の内容は、防災や減災に関する施設、自然災害の歴史や被害状況、災害が発生するメカニズム、行政機関や住民の災害発生への備えなどです。

主な内容や進行については、事前に打ち合わせておきます。説明のなかで専門的な用語が使われることがありますが、できるだけわかりやすい言葉に置き換えて話すように依頼しておきます。難解な言葉が登場したときなどには、子どもが理解できるよう、引率した教師が適切に補います。

○　ビデオの視聴

災害発生時の模様や広がりなどは話を聞くだけでは理解できないことがあります。映像を視聴することで、その生々しさを実感をもって捉えることができるようになります。また、実際に見学できない場面などもビデオを視聴することで理解が深まります。こうした映像は関係機関に保存されていることが多く、拝借することも可能です。

視聴に当たっては、いたずらに恐怖心を煽ることがないよう、子どもの心情面に十分配慮します。悲惨な被害の様子だけでなく、災害に対して対策や事業がとられていることを紹介すると、子どもたちは安心感をもちます。

○　模型で実験

災害発生のメカニズム（仕組み）を模型で確かめます。砂防事務所などが実施する出前授業では、土石流や土砂崩れの模型実験装置を活用したり、砂防堰堤の効果を実験で確かめたりしています。ここでは、川の流れや働き、土地のつくりや変化など、理科での学習内容と関連づけることによって、子どもたちの理解をさらに深めることができます。

このように、学校が関係機関から支援を受ける内容や方法にはさまざまあります。実施に当たっては、関係機関の意向も踏まえながら、学校として設定したねらいを実現するため、これらの内容や方法を効果的に組み合わせるようにします。その際、子どもたちの学年や発達段階をはじめ、指導場面や時間数などを考慮します。

③　学校として支援や評価を受けるポイント

学校の防災教育を充実させるために、関係機関からどのような支援をどのように受けたらよいのでしょうか。ここでは、学校、教師、授業の各視点から考えます。

まず、学校として支援を受けるポイントです。校長は教育課程の編成と実施に対して最終の責任を負っていますから、学校が関係機関から支援や評価を受けるとき、まずは校長のリーダーシップが問われます。また、学校は地域社会に開かれた教育活動を推進することが課題になっており、各学校が策定した教育活動の計画や実施状況に対して学校運営協議会など第三者から助言や評価を受けるようになっています。

小中学校では、水防法・土砂災害防止法にもとづいて、避難確保計画を作成することが求められています。学校が防災計画や避難マニュアルを策定する際には、市区町村や都道府県の関係部局から防災に関する最新の情報を収集します。

ある小学校でのことです。その学校には、防災教育、特に自然災害防止に熱心な教師が在籍していましたので、地域の砂防事務所の出前授業を毎年実施していました。ところが、その教師が異動した途端に出前授業の実施が途切れてしまいました。こうしたことが起こらないようにするためには、学校の教育課程に出前授業を位置づけ、実施の学年や時期を計画しておく必要があります。ひとりの教師の判断ではなく、校長が学校経営の方針のもとに決定しておくようにします。校長の役割とともに、すべての教師の防災意識が問われます。

学校が策定した防災計画や避難マニュアルが、学校が置かれている地域の実情や課題に合致しているか。十分に機能する内容であるかなど、河川や砂防の専門家の立場から点検、評価してもらいます。そのうえで、改善のための助言を依頼します。学校が実施する防災訓練や避難訓練の場に立ちあってもらうことも考えられます。

関係機関の方が学校支援というとき、どうしても教員や子どもたちに目が向きがちですが、ＰＴＡ組織への支援方法も考えたいものです。学校が防災訓練や避難訓練を実施する際にはＰＴＡの果たす役割が大きいからです。

保護者が高い防災意識をもって主体的に参加するためには、地域の防災事情や家庭防災のあり方について研修する機会を設けるよう働きかけるとよいでしょう。家庭や地域の防災力を高めるために、ＰＴＡ組織をいかに活用して共に実施するか、各学校において今後の課題です。

④　支援を受ける教師のあり方

次に、教師の立場から関係機関との連携・協力のあり方を考えます。大川小学校をめぐる判決は、教員には地域住民よりはるかに高いレベルの防災知識と経験が求められると、学校や教員にとって厳しい課題を指摘しました。高い防災知識を身につけるとは、防災や自然災害についての一般的な知識や情報はもとより、その地域ならではは固有な知識や情報を習得しているということでしょう。それらは鋭敏な防災意識のもとに実現されるものです。

多くの地域では、教員が３年から７年程度ごとに、都道府県の全域を対象にあるいは定められた域内で広域的な人事が行われています。都道府県によっては、都市部の学校から山間地へ、農村地域から海岸に近い学校への異動が行われています。特に管理職は異動の範囲が広いのが現状です。

教師が高いレベルの防災知識と経験をもつには、研修が不可欠です。研修は各学校で行われるほか、教育委員会や教育センターなどで行われています。教師の防災意識を高め、各学校の防災教育をさらに充実させるために、防災教育に関する研修講座を設け、研修の内容と方法を工夫します。

すでに管理職のほか、各学校の防災教育の担当者を対象に実施されている地域もありますが、研修の対象者をさらに広げる必要があります。ここでは教育委員会の防災教育に対する課題意識が問われているといってよいでしょう。

こうした研修において、河川や砂防の関係者が教育委員会と連携し、教員研修の企画や方策をともに考えることも必要になります。研修への関係機関の関わり方には、たとえば、教育委員会や学校に地域の防災情報を提供する。教育委員会などが実施する研修会に講師を派遣する。現地の見学や講演などの機会を設定するなどが考えられます。また、小中学校の校長会と連携したり、社会科、理科、総合的な学習などの研究会の協力を得たりして研修会を開催することもできます。

⑤　学習レベルの支援のアイデア

最後は、子どもたちへの教育指導、すなわち授業場面における支援のあり方です。これには、出前授業に代表される直接的な支援と、教材の提供など間接的な支援があります。

関係機関が子どもを対象にした出前授業には、学校の正規の授業に合わせて実施する場合と、日曜日や夏季休業日など学校の授業や行事とは別に独自に実施する場合があります。

学校が教育課程に位置づけて、正規の授業場面で支援を受けるときには、次の事項に留意します。

○　事前の打ち合わせ

実施教科等のねらい（目標）から外れないようにします。学校として実施の目的や目標、実施学年等を関係機関の方に伝えておきます。授業のおよその流れについて共有します。

○　事中の進め方

出前授業などの実施場面では、関係機関の方にすべてを任せてしまうことがないよう、教師が授業の主導権を発揮しながら、ティーム・ティーチングで実施します。講師が子どもたちにとって難解な言葉を発したときなどには、学級担任が補足し、子どもたちに理解を促します。

○　事後の確認事項

出前授業の実施後には、授業者が授業の成果を確認するとともに、授業に協力していただいた人たちや機関などから評価を受けます。結果は次回の実施に生かします。

これらの取り組みはすでに各地の砂防事務所や砂防ボランティアなどによって

行われています。今後、出前授業等の実施者向けに指導マニュアルを作成することで、学校と関係機関が実施の方法や成果を共有し、出前授業をさらに向上させることができます。

関係機関の授業への間接的な支援活動には、たとえば次のような取り組みが考えられます。これらのなかにはすでに実施され、成果を生み出しているものもあります。

・子ども向けに地域の防災や砂防、災害防止のための副読本やＤＶＤ教材などを提供するとともに、教師向けに指導の手引きを作成する。この種の教材には、全国共通のものとそれぞれの地域に密着したもの、それに両者をミックスしたものが考えられる。
・全国の先進的な学習支援の実践事例を冊子にまとめたり、機関誌などに紹介したりする。関係機関のホームページに掲載することもできる。

いずれにしても、教員の協力も得ながら、関連する教科の学習内容と関連を図った、授業で活用できる教材を提供することがポイントです。このことは、教員の負担軽減にもつながります。

子ども向けにはたとえば次のような取り組みが考えられます。

・防災や河川・砂防をテーマにした自由研究に取り組む子どもを支援する。そのために、子どもや保護者向けのホームページを立ち上げる。
・日曜日や夏休みなどの休日を利用して、現地見学会や学習会を開催する。地域の河川や砂防施設をテーマにした絵画や作文コンクールを実施する。防災や減災、自然災害をテーマにしたポスターを作成する機会を設けてもよい。

（２）関係機関による出前授業の意義と実際

①　出前授業の意義

そもそも学校と関係機関が連携することに、どのようなメリットがあるのでしょうか。出前授業の実施によって利益を得るのは学校や子どもたちだけでしょうか。出前授業を実施する側にメリットはないのでしょうか。

多くの出前授業は、子どもたちの健全な成長を願って、子どもたちのために行われています。子どもたちは河川や砂防の専門家から話を聞くことにより、自然災害防止に対する関心を高め、理解を深めていきます。出前授業は子どもたちにとって最大のメリットがあることはいうまでもありません。

出前授業は、教師にとってもメリットがあります。教師もひとりの人間であり、すべてのことに対して豊富な知識をもっているわけではありません。出前授業には教師の足りない部分を補うという側面があります。「餅は餅屋」といわれるように、何ごとも専門家から支援を得ることによって、より質の高い教育活動や授業を展開することができます。

出前授業が子どもたちのため、学校や教師のために実施するものと受けとめられていることも多いようですが、それだけでしょうか。

ある郷土資料館で仕事をしている人が、昔の生活用具を学校に持参して、出前授業を行いました。昔の生活の様子について説明したあとのことです。子どもたちに次のように話しました。

「今日は、出前授業の機会をつくっていただき、また、私の話を聞いていただいてありがとうございます。私もみなさん方と一緒に勉強ができて、本当に嬉しかったです。」

ここから、出前授業には実施する側にもメリットがあることがわかります。そのひとつは、郷土資料館の存在や展示の様子などを子どもたちに知ってもらう機会になっていることです。子どもたちは昔の暮らしについて学んだだけでなく、地域の郷土資料館の存在を知り、関心を高めたことでしょう。そして、これからの学習においても利用しようとする意識をもったのではないでしょうか。

いまひとつは、出前授業を行った人にとってのメリットです。「嬉しかったです」と述べているように、出前授業を行ったことにやり甲斐や子どもたちに接したことに生き甲斐を感じています。「やってよかった」と思ったにちがいありません。

このように、出前授業には子どもたちや教師とともに、実施する側にも大きなメリットがあります。学校と関係機関の双方が日ごろ体験できない貴重な機会であると受けとめ、両者の連携・協力関係を構築しておきたいものです。

②　出前授業の実際

自然災害防止に関わる関係機関には、たとえば国土交通省の所管する河川や砂防に関する事務所があります。都道府県にも関連する部署があります。これらの機関では、主として洪水や土砂災害を防ぐための事業や工事を行っていますが、併せて、子どもたちや教師、地域住民を対象に、出前授業や現地見学会なども実施しています。

出前授業の状況は、各事務所のホームページなどで紹介されています。ここでは、令和３年５月から９月に実施されたなかから、当日の出前授業の模様を紹介します。各事業所等のホームページを参考にしました。(　) 内には実施時期を示しました。

岐阜県中津川市立付知南小学校の４年の子どもたちは、土砂災害のメカニズムや避難する際の注意点を学びました。講師は多治見砂防国道事務所の職員が務めました。職員は、砂防ダムの模型を使って土石流が起こるメカニズムを説明し、ダムがないと土石流が下流の住宅地などに襲いかかること、逆にダムがあると、被害をある程度押さえることができることを説明しました。ある女の子は「砂防ダムの大切さがわかった。自宅の裏は山なので、早めの避難を心がけたい」と話していたといいます。(令和３年５月８日)

宮崎県日南市立大堂津小学校では、梅雨の時期に合わせて、５年生を対象に土砂災害について学ぶ機会を設けました。講師は県の日南土木事務所の職員です。土砂災害には、がけ崩れ、土石流、地すべりの３つがあることを押さえたあと、土石流の場合には山なりがしたり川の水が濁ったりすることや、がけ崩れの場合は水がわき出たり、小石が落ちてきたりすることなど「前ぶれ」があることを説明しました。また、天気予報をしっかりチェックすることや防災マップで土砂災害の危険性のある場所を確認することを呼びかけました。(令和３年６月15日)

富山県立山町立釜ヶ渕小学校６年の子どもたちは、立山砂防事務所や立山カルデラ砂防博物館で、土石流の特徴や非常時の備え、土砂災害や立山カルデラについて学びました。立山砂防事務所では、県内の小学校を対象に常願寺川の災害や歴史、立山カルデラの砂防事業について理解を深めてもらうことを目的に、『僕ら「さぼう」探検隊』と名づけた総合的な学習への支援活動を継続的に実施しています。(令和３年６月10日)

福島県南会津町立田島第二小学校では、県南会津事務所の職員が全校児童を対象に出前授業を実施しました。職員の方が、ＤＶＤで福島・新潟豪雨での福島県の被害状況や、県が行っている土砂災害防止のための事業内容、模型を使って土

砂崩れが起こる様子や土石流などをくい止める砂防堰堤の役割などについて解説しました。（令和３年６月10日）

福島県相馬市立日立木小学校では、全校児童が県の相双建設事務所の職員から土砂災害の種類や、土砂災害から自分の命を守るための知識を学びました。相馬市では、令和元年の台風19号とその後の豪雨で地元の川が氾濫し、日立木小学校の周辺でも家屋の浸水などの被害が出ました。自宅が被害を受けた子どももいました。（令和３年６月14日）

長野県大鹿村立大鹿小学校の３年生は、国の天竜川上流河川事務所が６月の「土砂災害防止月間」のイベントとして開催した「砂防・地すべり現場見学会」に参加しました。子どもたちは土砂災害のビデオを視聴したあと、北川砂防堰堤や塩川床固工群などの施設を見学しました。学校が位置している伊那谷には国内有数の急流河川が点在し、かつ、脆弱な地質構造をもつことから、これまでにもたびたび土砂災害に見まわれてきました。（令和３年６月22日）

神戸市立御影北小学校４年の子どもたちは、六甲砂防事務所の協力を得て、土石流の模型実験や災害の映像などをもとに、事務所が実施している砂防事業や六甲山地で発生した土石流の歴史、その対策について学習しました。子どもたちからは「砂防堰堤を造る場所はどのようにきめるのですか」などの質問が出されたそうです。（令和３年９月13日）

新潟県南魚沼市立上田小学校の４年生は、湯沢砂防事務所の職員から出前講座を受けました。講座では、土砂災害の実際、砂防の役割、ハザードマップなどについて、動画やパネル、土石流の模型などで具体的な説明を受けました。子どもからは「砂防堰堤が壊れることはあるのか」といった質問が出されたそうです。（令和３年９月15日）

岐阜県飛騨市立宮川小学校では、県の土木事務所の担当者から、３年まえの平成30年７月に発生した土砂災害の現場を訪れ、災害の前ぶれ（前兆現象）や砂防ダムなど対策工事について学んでいます。ある子どもは「過去の災害のことが詳しくわかりました。家でも訓練をするなどして災害に備えたいです」と、学習の感想を述べたそうです。（令和３年６月16日）

国の日光砂防事務所は、地元の小中学校の教員を対象に研修の機会を設けました。日光市芹沢地区は平成27年９月に土石流災害が発生しました。災害が発生してから６年目を迎えた令和３年に、計画された砂防堰堤（７基）がすべて完成しました。研修会では、先生方が現地を見学し、砂防事業について学ぶことができました。災害の発生した年に、まだ現在の学校に勤務されていなかった先生もいました。(令和３年８月５日)

このような取り組みは、全国の国や都道府県などの河川や砂防、道路などを管轄する事務所などで実施されています。枚挙にいとまがありません。それらの模様は各事務所のホームページなどで紹介されています。

出前授業などの実施の様子をみると、土砂災害に対する子どもたちの関心や防災・減災に対する意識が確実に高まっていることがわかります。さらに、出前授業をきっかけに防災対策について新たな疑問が生まれたり課題をもったりしています。もっとも大きな成果は、土砂災害の発生を自分のこととして受けとめ、日ごろから備えることの大切さを学んでいることです。こうした取り組みが、全国各地に広がっていくことが期待されます。

土砂災害を対象にした出前授業は、都会に住む子どもたちには関係がないと捉えられがちですが、そうではありません。都市部であっても、「土砂災害警戒区域」に指定されていることがあるからです。

子どもたちは家族などと夏休みなどに山間地に出かけてハイキングやキャンプなどを楽しむことがあります。そうした場面で、水害や土砂災害などに遭遇することがありますから、都市部の子どもたちに対してもこうした学びの場が必要ではないかと思います。

Ⅲ章 自然災害防止教育の進め方
ー普段の教育活動のなかでいかに実施するかー

本章の趣旨

現行の教育課程のもとで、いい換えると、防災教育の時間が特設されていないなかで、自然災害防止教育をいかに進めるか。このことを検討することは、実践に当たっての基本です。

防災教育など教科横断的な教育課題に対して、しばしば「全教育活動を通じて指導する」などといわれますが、具体的な実践場面を想定しなければ、意図的な指導はできません。実践の方法も考えられません。

学校での教育活動は、いかなる課題や場面においても、意図的、計画的、かつ組織的に行われています。このことは、目標を設定し、指導計画を作成するとともに、全校で指導する体制を整備することの必要性を意味しています。

本章では、自然災害防止教育の進め方に関連して、次のことについて具体的に検討します。

・自然災害防止教育に対する学校としての目標（学年の目標を含む）及び具体的な内容（指導事項）をいかに設定するか。

・学校として組織的に取り組むために必要となるグランドデザイン、すなわち自然災害防止教育の学校としての全体計画をいかに策定するか。

・各学年において、関連する教科等で指導する際の指導計画をいかに作成するか。

・自然災害防止教育の実施状況を学校としていかに評価するか。

そのうえで、自然災害防止教育の中核となる教科は社会科であるとの考えのもとに、社会科で実践される自然災害防止教育の可能性及び関連する主要な単元での実践に当たってのヒントを提案します。

1　自然災害防止教育の目標と全体計画

社会科など教科の場合には、学習指導要領に教科目標をはじめ、各学年の目標や内容（指導事項）などが示されています。これによって、小学校（または中学校）の各教科の全体像を把握することができます。

ところが、防災教育など教科横断的な教育課題については、目標や内容がいっさい示されていません。このことは、防災教育や自然災害防止教育を学校として実施するとき、指導の目標や内容の全体を示したカリキュラムを各学校が策定しなければならないことを意味しています。ここでいうカリキュラムとは教科でいうところの学習指導要領に当たるものです。

ここでは、自然災害防止教育に焦点を当てて、目標の設定や全体計画の策定について考えます。

（1）なぜ、自然災害防止教育の目標なのか

学校教育はいかなる場面においても、指導の目標が設定されます。目標が設定されない学習指導や生徒指導、学級経営、その他の教育活動はありません。学校の教育活動は意図的、計画的、そして組織的な営みだからです。意図的とは子どもたちに身につけることを目標（ねらい）として設定して指導することであり、計画的とは先を見据えながら、ステップを踏んで系統的に指導することです。そして、組織的とは全教職員で取り組むという意味です。

学校で自然災害防止教育を推進するときにも、どのような子どもを育てるのか。教育の目指すべき方向性やゴールをある程度イメージしておく必要があります。もし目標が設定されていないと、その実現に向けて、計画を立てることはできません。まして、教職員が心をひとつにして、一致団結して取り組むことは不可能です。目標がない状態では、航行の目的地が定まらず、羅針盤を装備していない船と同様に、海上を漂流することになります。指導がはい回ってしまいます。

また、その目標は過程や結果において、推進状況や実施状況、子どもの学習状況を評価するときの目安（評価規準）や根拠になります。

目標は、各教師が指導し評価する際の拠り所となるものです。小学校での教育

のゴール（目標）を設定することはもちろんのこと、学年ごとの目標を定めることで、各学年の教師が意図的、計画的に、かつ責任をもって指導することができるようになります。

ただ、ひとつ大きな問題があります。すでに述べたように、自然災害防止教育に特化した指導時間は、学校が定める総合的な学習の時間を除いて、設けられていないということです。このことは、関連するあらゆる教科等で自然災害と関連づけて指導することが基本になることを意味しています。ただ、各教科等には、それぞれで身につける固有の目標や内容がありますから、ややもすると、指導の目標が２本立てになるという問題です。

社会科や理科などの教科では、指導内容において自然災害防止教育の目標や内容と一部重なり合うところがあります。しかし、国語科や算数科、道徳科などの教科では、教材や題材のレベルで防災や自然災害を関連づけることができても、目標はそれぞれの教科で固有に設定され、異なっています。

このような場面では、当該の教科の目標や内容を実現させることを第一義に捉え、指導の目標が２つ（ダブルスタンダード）にならないようにします。学習指導案などには「自然災害防止教育の視点」とか「自然災害防止教育との関連」として明記するようにします。

したがって、子どもたちの学習状況は、その時間の目標（ねらい）に即して評価することになります。そうでなければ、目標に示された、その教科の資質・能力が身についたかどうかを見きわめることができず、その結果、その教科の役割が十分果たせないことにもなってしまいます。国語科の時間に防災に関わる題材を活用して指導したときには、その時間の国語科としての目標に照らして、子どもの実現状況を評価することを基本に据えます。

自然災害防止教育の成果を評価するときには、１単位時間やひとつの教科で実施するのではなく、学期末や学年末など長期的な視点で評価するようにします。子どもたちはさまざまな教科等で学んでいますから、それらがトータルとして一人一人の子どもにおいてどのように形成されているのか。また学級や学年、学校としてどのように実現しているのかを捉える必要があるからです。

これは自然災害防止教育の推進状況を評価することであり、学校評価としての意味あいをもっています。そのためには、年度の始めに子どもたちの防災や自然災害に対する意識や関心、自然災害に対する知識の習得状況などの実態を把握しておくとよいでしょう。その後、学期の終わりなどに同様な調査を実施することにより、子どもたちの変容や成長の様子を見きわめることができます。

なお、子どもたちの実態は、学校の掲げている自然災害防止教育の目標にもとづいて調査することがポイントです。

（2）自然災害防止教育の目標（私案）

ここでは、自然災害防止教育で実現させたい最終的な目標を「総括目標」として設定し、そのあとに、知識・理解、態度、能力の３つの要素から具体的な指導事項を「私案」として紹介します。

○　総括目標

> 自然災害の現状や対策などについて必要かつ基礎的な知識や技能を身につけるとともに、さまざまな人たちと協働して問題解決するために必要となる「生きぬく力」をはぐくむ。

なお、文部科学省が東日本大震災を受けて発足した「防災教育・防災管理等に関する有識者会議」がとりまとめた最終報告（平成24年７月）では、次のような目標を掲げています。

> ①　災害発生時に自ら危険を予測し、回避するために必要となる「主体的に行動する態度」を養う。
> ②　支援者となる視点から、安全で安心な社会づくりに貢献する「共助・公助」の精神を育成する。

①は子ども一人一人に自分の身は自分で守る行動力を育てることを、②は災害弱者などに支援者として社会貢献するために、社会の一員としての自覚と実践力を育成することをそれぞれ目指しています。

なお、小学校においては①を重点的に指導し、中学校や高等学校では②についても目標に位置づけて指導します。

次に、先の「総括目標」を受けて、「具体的な指導事項」を３つの要素ごとに例示します。

○　具体的な指導事項

「知識・理解に関する指導事項」に示されている＊印は、主に土砂災害に関して指導したい事項です。これらを参考に、取り上げる自然災害を踏まえ具体的な指導事項を明らかにします。

【主として知識・理解に関する指導事項】

・身近な地域には、自然災害の起こりやすい危険な箇所があること。ここでは、過去にどこでどのような自然災害が起こったのかを確認させ、今後どのような自然災害が起こりうるのかを考えさせます。

＊わが国は地すべり、がけ崩れ、土石流などが起こりやすい危険な地形のところが多いこと。（土砂災害の種類と発生しやすい地形条件）

＊地すべり、がけ崩れ、土石流などの自然災害は主として大雨などの気象現象によって引き起こされること。（気象現象と自然災害発生との関連）

＊地すべり、がけ崩れ、土石流などの自然災害には、発生する地形の特徴、災害発生のメカニズムがあること。（自然災害が発生する仕組み）

＊土砂崩れから地域の人々の生命、身体、財産などを守るために、砂防ダムや砂防堰堤などさまざまな施設や設備がつくられていること。（ハード面の公的な災害防止策）

・先人は地域の安全を守るために施設をつくるなどさまざまな工夫や努力を行ってきたこと。それらの多くは現在も活用されており、それらのなかには文化財として価値のあるものがあること。（自然災害の歴史、先人の業績）

・自然災害の発生には、多くの場合、前兆があること。また、それらを察知したり観察したりするための設備がつくられていること。（自然災害の前兆現象）

・人命尊重、財産の保全の観点から、行政をはじめさまざまな関係機関が連携・協力し合って自然災害の防止に対処していること。（公助の働き）

・自然災害の発生時においては、生命尊重を第一に、迅速的かつ機動的な対応がとられていること。（発生時における対処）

・せっかくつくった施設も、想定を越えたエネルギーや自然の驚異によって一瞬に破壊されることがあること。（施設・設備の限界性）

・一旦自然災害が発生すると、復旧・復興するまでに多額の費用と労力と時間が必要になること。
・住民は、事前に気象情報を収集するとともに、自然災害の発生を予測したり前兆現象を捉えたりして、早めに避難すること。(災害を想定した早期の避難の大切さ)
・公助、共助、自助の考え方を理解し、特にコミュニティー意識をもって日々の生活を送ることが大切であること。(共同体意識の醸成)

【主として態度（行動）に関する指導事項】

・行政機関からの避難指示などの要請には、自らの生命を守ることとして受けとめ、協力して行動することができること。
・災害発生の事前及び発生時において、気象情報や行政機関などからの情報を収集し、それらをもとに適切に判断し、命を守る行動ができること。
・地域に住む高齢者や障害者などの災害弱者に対して、協力して援助・支援して避難行動をとることができること。
・気象や地象の変化を災害を引き起こす自然からの警鐘として受けとめ、自然に対する畏敬の念をもつこと。
・思いやりの心、協力性、助け合いの精神、公共心などを養うことなど。

【能力に関する指導事項】

自然災害から自分の身を守るためには、日ごろから次のような能力を身につけることが求められます。これらは教育活動や授業のあらゆる場面ではぐくまれます。

・社会や自然の事象を多面的、継続的に観察する力
・情報を適切に収集、活用したり、伝え合ったりして共有する力
・状況を迅速かつ適切に把握し、それらをもとにその後の行動を決定したり選択したりする力
・危険を予知したり回避したりする力
・問題や課題を見いだす力や、見通しをもって解決する力
・生命を守るための実践力や行動力など

これらの指導事項を、取り上げる自然災害の特質や学校の置かれている地域の実態、子どもの発達段階などを踏まえて、学年ごとに具体化します。これによっ

て「自然災害防止教育のカリキュラム」としての体裁が整い、系統的な指導が可能になります。

　また、各地域において小学校と中学校が連携・協力して地域のカリキュラムを策定し、子どもたちが防災や防災教育に関する事項を系統的、発展的に学び、身につけていくように配慮することも必要です。

(3) 防災教育の「全体計画」の策定と実際

　兵庫県南あわじ市立福良小学校では文部科学省の指定する「防災教育に関する先導的実践研究校」として、「主体的に行動する児童を育成する防災カリキュラムの作成」を研究テーマに取り組みました。福良小学校は海岸からわずか376メートルのところに位置しています。発生が予測されている南海トラフ地震で、津波が押し寄せてくることが想定されている地域にあります。

　福良小学校の取り組みの大きな特色のひとつは、「防災教育の全体計画」を策定していることです。その実際は68～69ページのとおりです。

　学校の教育活動は、意図的、計画的かつ組織的な営みです。各教科の指導において、各学年の指導計画を作成しているように、防災教育を実施する際にも「計画」は不可欠です。各学年、各教科等での指導に当たって、その大本になるものが「防災教育の全体計画」です。

　これまでも、環境教育や消費者教育、食育、伝統文化教育、人権教育、道徳教育などの教科等横断的な教育課題を取り上げて学校ぐるみで実践するとき、「全体計画」を策定してきました。防災教育を推進する際にも、「全体計画」を策定します。これは防災教育（自然災害防止教育）の学校としてのグランドデザインです。

　福良小学校の策定した「全体計画」には、次のような特色があります。

　まず、防災教育推進の視点として、防災体制の整備をあげ、「教職員の役割と家族や地域及び関係機関等の連携」を重視していることです。ここから、防災教育を学校ぐるみで取り組むとともに、地域ぐるみで取り組もうとする姿勢が伝わってきます。福良小学校では早い時期から保護者や地域住民と一体になった防災対策を進めてきました。

　次の特色は、学校教育目標を受けて設定されている防災教育の目標に関するこ

表２：「防災教育の全体計画」（例）　－南あわじ市立福良小学校の例－

令和元年度　防災教育全体計画

児童の実態
- 教室での身を守る行動はできるが、場面に応じて判断することは難しい。

保護者の願い
- 防災教育に対する意識はあるが、取り組む意識は十分とはいえない。

地域の特性
- 地震、津波防災については意識は高いが、浸透率は十分とはいえない。

学校教育目標

「かがやく子」
～夢や目標を持ち、自立して未来に挑戦する福良っ子の「生きる力」を育む～

○強　く・・・健やかな心と体
○正しく・・・正しい判断力
○美しく・・・豊かな感性と思いやり

推進の視点

防災体制の整備
- 教職員の役割の明確化と家族や地域及び関係機関等の連携

「兵庫の防災教育」の推進
- 防災教育新副読本「明日に生きる」の積極的な活用

先導的実践研究
- 地域と連携し、主体的に行動する児童を育成する防災カリキュラムの作成

防災教育の目標

自他の生命を大切にできる児童の育成

①災害時に自他の生命を守るために必要な知識及び技能を習得させ、防災意識を高める。

②知識・技能をもとに自らの思考・判断を働かせ、変化していく状況に応じて適切な行動がとれる力を育成する。

③地域の人や家族など人と関わることから、絆の大切さや生命の尊さを学ばせるとともに体験活動等を通して、助け合いや思いやりの心を根付かせ、よりよい社会性や人間性を育む。

①関心・知識・技能　②思考・判断・主体的行動
③社会貢献・支援者の基盤

各学年の目標					
第1学年	第2学年	第3学年	第4学年	第5学年	第6学年
◎災害に対して継続的に関心や意識を持たせるようにする。					
①通学路や安全確保行動に関心を持ち、災害時の避難の仕方を知り、身を守る初期行動をとれるようにする。	①通学路や安全確保行動に関心を持ち、災害時の避難の仕方を知り、身を守る初期行動をとれるようにする。	①地域の地形等に関心を持ち、災害時の避難の仕方を知り、安全な行動ができるようにする。	①地域社会に関心を持ち、災害時の命を守る工夫について知り、安全な行動ができるようにする。	①地域や気象、自然環境について関心を持ち、これらが災害と関連していることを知り、安全な行動の仕方を理解できるようにする。	①災害のメカニズムについて関心を持ち、これについて調べ、理解し、安全な行動の仕方を理解できるようにする。
②災害の怖さから適切な避難の仕方を考えたり、大人の指示を聞いたりして、行動できるようにする。	②災害の危険性について知り、適切な避難の仕方を考えたり、大人の指示を聞いたりして、行動できるようにする。	②自然災害について知り、大人の指示を聞き、状況に応じて適切な行動がとれるようにする。	②自然災害について理解し、大人の指示を確実に聞き、状況に応じて適切な行動がとれるようにする。	②災害に関する情報から危険を予測し、適切な判断のもと、身を守るための主体的な行動がとれるようにする。	②災害に関する情報から危険を予測し、適切な判断のもと、周囲に気を配りながら身を守る行動がとれるようにする。
③身の回りの大人と話したり、交流したりすることから有事の際には、大人と連絡を取り合うことができるようにする。	③身の回りの大人と話したり、交流したりすることから有事の際には、大人と連絡を取り合うことができるようにする。	③進んで家族や友達、周囲の人と関わり合うことから、有事の際には協力して助け合うことができるようにする。	③進んで家族や友達、周囲の人と関わり合うことから、有事の際には協力して助け合うことができるようにする。	③家族や友達、地域の人たちと災害に関することで関わり合い、有事の際には、周囲の人と協力して、人のために役立つ行動がとれるようにする。	③家族や友達、地域の人たちと災害に関することで関わり合い、有事の際には、周囲の人と助け合うとともに、ボランティア活動に進んで参加できるようにする。

<防災教育に関する主な指導内容>						
	第1学年	第2学年	第3学年	第4学年	第5学年	第6学年
教科	・わけをはなそう（国語科） ・がっこうとともだち（生活科） ※その他教科別指導計画による	・ともこさんはどこかな（国語科） ・レッツゴーまちたんけん（生活科） ※その他教科別指導計画による	・光のせいしつ ・電気で明かりをつけよう（理科） ・わたしたちの市のようす ・わたしたちのくらしと町ではたらく人びと（社会科） ※その他教科別指導計画による	・水のゆくえ（理科） ・命とくらしをささえる水 ・わたしたちの住んでいる県（社会科） ※その他教科別指導計画による	・台風と気象情報 ・流れる水のはたらき（理科） ・日本の地形の特色（社会科） ・四季のある日本の気候（社会科） ※その他教科別指導計画による	・大地のつくりと変化（理科） ・自然とともにいきる（理科） ・わが国の政治の働き（社会科） ※その他教科別指導計画による
道徳	・うまれたてのいのち ・ありがとう ・はしのうえのおおかみ ・どうしてかな ・そろっているけど ・かずやくんのせいぎ ・おおひとのやま ・120てんのそうじ	・大きくなったね ・本がかりさんがんばっているね ・わりこみ ・あぶないよ ・一りん車 ・森のゆうびんやさん	・赤ちゃんもごはん　食べているよね ・三年生は上級生？ ・どんどん橋のできごと ・同じなかまだから ・お父さんからの手紙 ・みんなのわき水 ・助かったいのち	・朝がくると ・決めつけないで ・雨のバスていりゅう所で ・ぼくの草取り体験 ・いじりといじめ ・交かんメール ・ネコの手ボランティア ・わかっているはずだから	・たのむよ、班長 ・いつものひなん訓練 ・通学路 ・ふぶきの中で「ありがとう」 ・くずれ落ちただんボール箱 ・住みよいマンション	・心づかいと思いやり ・おかげさまで ・母の仕事 ・みんなで劇を作ろう ・自分を守る力って？ ・わたしのせいじゃない ・自分にできること ・門番のマルコ
総合的な学習 生活科	・がっこうとともだち ・さあ　みんなででかけよう	・レッツゴー！町たんけん ・もっと行きたいな　町たんけん	・福良のふしぎをさぐろう	・大好き！福良の人・まち・自然	・福良防災体制改善プロジェクト	・つながろう！つなげよう！未来へ
特別活動	・避難訓練（火災想定） ・避難訓練（津波・地震想定） ・家庭・地域・学校合同総合防災訓練	・避難訓練（火災想定） ・避難訓練（津波・地震想定） ・家庭・地域・学校合同総合防災訓練	・避難訓練（火災想定） ・避難訓練（津波・地震想定） ・家庭・地域・学校合同総合防災訓練	・避難訓練（火災想定） ・避難訓練（津波・地震想定） ・家庭・地域・学校合同総合防災訓練	・避難訓練（火災想定） ・避難訓練（津波・地震想定） ・家庭・地域・学校合同総合防災訓練	・避難訓練（火災想定） ・避難訓練（津波・地震想定） ・家庭・地域・学校合同総合防災訓練

とです。福良小学校では「自他の生命を大切にできる児童の育成」を目指して、そのもとに「関心・知識・技能」「思考・判断・主体的行動」「社会貢献・支援者の基盤」の３の柱から目標を構成しています。また、「全体計画」には示されていませんが、重点的に育成すべき資質・能力として、「自他の生命を守るための基礎的・基本的な知識・技能」「思考・判断を働かせ、適切な行動をとる力」「心を育み、よりよい社会づくりに参加し貢献する情意や態度」の３つをあげています。

そのうえで、各学年の目標を設定しています。ここでは、災害に対して継続的に関心や意識をもたせるために、低学年、中学年、高学年といった２学年ごとの目標ではなく、各学年ごとに、しかも、学校として掲げた「防災教育の目標」の３つの柱に準じて、具体的に設定しています。目標における時間軸がきわめて明確になっているところに特色があります。学年ごとの目標を設定することで、２学年まとめて設定したときと比べて、スモールステップで、よりきめ細かく指導することができるようになります。

さらに、目標を達成させるために、防災教育に関する指導内容が整理されているところに特色があります。教科、道徳、生活科・総合的な学習の時間、特別活動といった学校の教育課程全体を視野に入れて、学年ごとに関連する教科等と主な指導内容と指導場面（単元や題材）が一覧に整理されています。これによって、どの学年の、どの教科の、どの単元（題材）が、防災教育とどのように関連しているのかが明確になっています。

このように、福良小学校の「全体計画」はグランドデザインとしての役割をもっています。ほかのさまざまな教育課題と同様に、各学校の実態や地域の実情にもとづいて策定されていることがわかります。

（４）各学年の教科別指導計画の作成

福良小学校が取り組んでいる防災教育のいまひとつの大きな特色は、「全体計画」からもわかるように、避難訓練だけでなく、関連する教科等で防災知識を身につけ、防災意識を養おうとしていることです。具体的には各学年ごとに防災教育と関連づけた「教科別指導計画」を作成して実践していることです。これにより、各学年における防災教育が実効性のあるものになっています。

72 ~ 73ページには、ひとつの例として、第５学年の教科別指導計画を紹介しました。これをみると、５年では、「全体計画」を受けて、関連する国語科、社会科、算数科、理科、家庭科に「防災教育の視点」が示されています。

ここで紹介した「第５学年教科別指導計画」は当時の学習指導要領（平成20年版）にもとづいて作成されています。これによって、指導に当たって教師が意識するポイントが明確になっています。

福良小学校では、各教科等と防災教育との関連を目標や内容、教材や題材、学習活動の３つのレベルで捉えています。「視点」の欄には、次のような凡例がみられます。目標や内容が防災教育に準じている単元には（A）、教材や題材のレベルで防災教育と関連づける単元には（B）の印がつけられています。さらに５年の指導計画にはみられませんが、ほかの学年には防災教育と学習活動のレベルで関連づける単元に（C）の印がつけられています。

Aは、主に社会科や理科、家庭科など、その教科の目標や内容が防災や防災教育と一体になっている場合にみられます。

Bは、国語科や算数科などの教科にみられます。目標や内容はその教科の立場から独自に設定されますが、それらを指導する際に活用される教材や題材が防災と関連している場合です。

たとえば国語科では、学年に応じた文章の読み取り方やその力を身につけるために、題材として防災や自然災害に関する記録文や報告文を活用することができます。また、道徳科では、学習指導要領に示されている自分自身や人との関わり、生命や自然、崇高なものとの関わりに関する多くの項目が、自然災害から身を守るために必要となる資質・能力の基盤になっています。これらの項目の指導に当たっては、防災や生命尊重に関わる教材を活用することができます。たとえば濱口梧陵の働きを取り上げた「稲むらの火」などすでに教材化されています。ただ、授業者がこれらの場を防災教育の一貫として意識しているかどうかがポイントになります。

Cについては、たとえば体育科の水泳指導で、水難事故等のときのために着衣泳を実地に体験させ、落ちついた対応ができるようにすることが計画されています。

３つのレベルで、教科や単元と防災教育との関連性を捉えることで、実践の場面が明確になり、各教科の役割をしっかり果たすことができます。

表3：学年別教科別指導計画　－南あわじ市立福良小学校の例－

防災教育　第5学年教科別指導計画

＊（A）は目標内容に準ずるもの、（B）は教材、題材で関連させるもの、（C）は関連する活動を行うもの

学期	教科	単元名	防災の視点
1	国語	新聞を読もう	（B）複数の記事を見比べる際、災害に関する記事を取り上げる。
		本はともだち	（B）防災関連の本を読んで、考えたことを発表し合う。
2		百年後のふるさとを守る	（B）百年後のふるさとを守るを読み、過去の南海地震や災害に対するまちづくりについてふれる。
3		想像力のスイッチを入れよう	（B）自分とメディアとの関わり方について考えさせる際に、災害関連の報道を取り上げる。
1	社会	日本の地形の特色	（A）火山があることや流れが急な川、大きな川の下流に平野が広がっていることを取り上げ、日本の地形について理解する。
		四季のある日本の気候	（A）つゆと台風があることなど、日本の気候の特色が国民の生活に様々な影響を及ぼしていることを考える。
		さまざまな土地のくらし	（A）台風や暑さに備えた家のつくりや水不足に対する備えなど、沖縄県の人々が気候に合わせて工夫してくらしていることを考える。 （A）水害の発生回数や洪水の被害について調べ、洪水によって多くの人の命が失われ、家が浸水するなど、大きな被害がでたこと、水害から人々の生活を守るための工夫があることを資料から読み取る。
3		私たちのくらしを支える情報	（A）災害時におけるラジオのよさや働きを調べることを通して、ラジオのメディアとしての特色をとらえるとともに、災害時におけるメディアの活用の仕方について考える。
		自然災害から人々を守る	（A）わが国の自然災害について関心をもち、自然災害の防止への工夫や努力を考える。

学期	教科	単元名	防災の視点
2	算数	比べ方を考えよう	(B) 自然災害の資料を取り上げ、グラフに表すことで、日本の災害の割合について知る。
1	理科	台風と気象情報	(A) 台風の特徴やそれに伴う災害についての考えを持つことができるようにする。
2		雲と天気の変化	(A) 雲の量や動きは天気の変化と関係があることをとらえるようにする。
		流れる水のはたらき	(A) 大雨などで水の速さや量が増えると、災害が起こることがあることをとらえるようにする。
1	家庭	ひと針にこころをこめて	(B) 製作に必要な用具の安全な取り扱いができる。 (B) 災害時での「裁縫用具セット」の役割や製作したものの活用について知る。
2		おいしい楽しい調理の力	(A) 調理の手順や目的を知ることで、災害時での調理の手順を考えさせる。 (B) ゆでる調理の特徴を知り、防災食を作る際に自分なりに工夫できる。
3		物を生かして住みやすく	(B) 物の整理・整頓の必要性や方法から実践を通して学習し、日頃から防災を意識した整理・整頓も重要であることを考えさせる。

2 教科等における防災教育の可能性

学校教育において、防災教育に特化した時間は設けられていません。しかし防災と関わりのある教科は、社会科をはじめ多くの教科等にあります。

ここでは、教科等に防災教育をどのように位置づけるのか。また、どのように位置づいているのかを検討し、現行の教育課程の枠組みでの防災教育の実践の可能性を考えます。

(1) 学校における防災教育の考え方

学校における防災教育は特別に仕立てられる教育ではありません。どの学校でも、普段の教育活動のなかで当たり前のこととして行われるようにすることが基本です。いたずらにハードルを高くすると、学校や教師から「理念は理解できるが、実践はできない」との声が聞かれるようになります。

学校における防災教育は、既存の教科等の指導のなかに「防災教育の視点」あるいは「自然災害防止教育との関連」の項目を位置づけます。23ページの「学校における防災対策の概念図」に示したように、主として教科等で身につける「防災基礎」と、特別活動や総合的な学習の時間で実施される「防災実践」から構成され、両者を一体的に取り組むことによって防災教育が充実します。

学校における防災教育の目標は、学校種や地域の実情によって異なってきますが、小学校においては、たとえば「危険予測（予知）能力や危険回避能力を発揮するための基盤となる知識や技能を習得することにより、子どもたちに確かな知識にもとづく防災意識を高め、自ら考え主体的に行動できる能力を育成する」といった内容を設定することができます。

防災教育と深い関わりのある教科等は、小学校の場合、社会科、理科、生活科、家庭科、体育科の保健領域、道徳科などの教科や特別活動（学級活動）、それに総合的な学習の時間です。関連する教科等における防災教育の内容や教材は、学習指導要領に示された記述から明らかになります。そのほかの教科でも、教材や題材のレベルや学習活動のレベルで関連づけた指導が可能です。

学習指導要領は、学校教育法施行規則（小学校は第52条、中学校は第74条）

にもとづいて作成されている指導基準です。各学校が教育課程を編成・実施したり、教科等の指導計画を作成し実践したりする際の拠り所となっています。教科書会社は学習指導要領を踏まえて教科書を編集・作成し、文部科学省が検定しています。各教育委員会はそれらのなかから使用する教科書を採択しています。学習指導要領は法律ではありませんが、学校教育の標準性や共通性、水準性を維持・確保するとの趣旨から、法的な拘束性をもっています。

各教科の学習指導要領の内容を解説した『解説』が公表されています。法的な拘束性がありませんが、学校では参考資料として活用されています。

平成29年３月に告示された学習指導要領は、小学校において令和２年度から、中学校では令和３年度から全面実施されています。

（２）教科等（社会科を除く）の学習指導要領にみる防災教育

ここでは、小学校の社会科を除く教科等の学習指導要領に、防災教育に関連する記述内容がどのように示されているかを整理してみました。特に防災に関する記述がない国語科や算数科などの教科等においては、教材や題材のレベルで関連を考えました。

表４：教科等（社会科を除く）における防災教育の内容等

（注）「学習指導要領の内容」の欄に示した、○や・の印は学習指導要領の「内容」として、＊は「内容の取扱い」としてそれぞれ示されている事項です。

教科等	学　年	学習指導要領の内容	教材・題材
国語科	全学年		・防災や自然災害に関する題材（記録文や報告文など）を取り上げる。
算数科	全学年		・防災に関する題材を事例に問題を作成する。

理　科	5　年 6　年	○　流れる水の働きと土地の変化 ・雨の降り方によって、流れる水の量や速さは変わり、増水により堆積させたりする働きがあること。 ○　土地のつくりと変化 ・地層は流れる水の働きや火山の噴火によってできること。 ・土地は、火山の噴火や地震によって変化すること。 ＊いずれにおいても、自然災害について触れること。 ＊天気、川、土地などの指導に当たっては、災害に関する基礎的な理解が図られるようにすること。	
生活科	1　年 2　年	○　学校の施設の様子、通学路の様子やその安全を守っている人々について考えること。	・学校探検や地域めぐりの活動を位置づけ、地域に対する理解を深める。
図画工作科	全学年		・自然災害防止をテーマにポスターなどの作品づくりや造形活動に取り組む。

家庭科	5　年 6　年	•日常生活における様々な問題について、家族や地域の人々との協力、健康・快適・安全、持続可能な社会の構築等を視点として考え、解決に向けて工夫することが大切であることに気づかせること。	
体育科（保健領域）	5　年 6　年	•身の回りの生活の危険が原因となって起こるけがの防止には、周囲の危険に気づくこと、的確な判断の下に安全に行動すること、環境を安全に整えることが必要であること。 •けがを防止するために、危険の予測や回避の方法を考え、それらを表現すること。	
道徳科	（例） 高学年	•生命が多くの生命のつながりの中にあるかけがえのないものであることを理解し、生命を尊重すること。 •人間の力を超えたものに対する畏敬の念をもつこと。	•左記の内容（指導事項）を学びとらせるために、自然災害に関わる事例や先人の働きを題材にする。 •たとえば津波から住民を救った濱口梧陵を取り上げる。

総合的な学習の時間	3～6学年	○　各学校において、総合的な学習の時間の目標及び内容を定めることができる。	・学校の実態に応じて、現代的な諸課題に対応する横断的・総合的な課題、地域の人々の暮らしなど地域や学校の特色に応じた課題を設定する。
特　別活　動	全学年	〔学級活動〕 ○　安全な生活態度の形成 ・災害等から身を守り安全に行動すること。 〔学校行事〕 ○　健康安全・体育的行事 ・災害等から身を守る安全な行動や規律ある集団行動の体得に資すること。	

このように、小学校における防災教育はあらゆる教科等において実践の可能性があります。ポイントは教師がそれぞれの教科等や場面で防災教育との関連性を意識して意図的に指導することです。

(3) 社会科における自然災害防止教育の可能性

社会科においては、自然災害について学習指導要領やその『解説』に直接示されている箇所や事項以外にも、自然災害防止と関連づけた指導場面や指導事項が考えられます。

社会科において自然災害防止に関する教育を推進するときには、ほかの教科等で身につけた防災や安全に関する知識や技能、能力や態度などと関連づけ、生かしながら指導します。カリキュラム・マネジメントを発揮することによって、社会科のみならず、防災教育の効果を高めることができます。

次に、社会科における防災教育のポイントを各学年の単元ごとに示しました。ここでは、自然災害について重点的に扱われる単元と、軽く触れる程度の扱いの単元に分けて、自然災害防止教育の具体的な指導場面を整理しました。

表中「単元・指導内容」欄には、重点的な単元に●印を、触れる程度の単元には○印をつけてあります。同じ欄の•印は学習指導要領に示されている指導事項です。また、「防災教育の内容・視点」欄の•印は、ここでの主な指導内容や指導上の配慮事項を記述しています。

表５：社会科における防災教育のポイント

学年	単元・指導内容	防災教育の内容・視点
3年	○学校のまわりの様子 ○市（区、町、村）の様子 •身近な地域や市区町村の様子	•地域によっては、がけになっているところや過去に河川が氾濫したところ、土石流などが発生したところ、津波が押し寄せたところ、火山の噴火の可能性のある山などがある。そのような地域では、その場所を地図で確認させる。現地を見学することもできる。 •自然災害伝承碑がある地域では、その場所を確認させ、地図記号を教える。 •学校や公園、公共施設などの避難場所、市（区）役所や町（村）役場、消防署や警察署、病院や診療所などの位置を地図で確認させる。
	○スーパーマーケットの見学 •販売に携わっている人々の仕事の様子	•スーパーマーケットの見学の際、売り場には食料品などのほか、災害に備えて非常食や防災用品が販売されていることに気づかせる。

	○消防署、警察署の働き ・地域の安全を守る働き	・消防署や警察署は、地域に自然災害が発生したときなどにも出動し、地域住民の生命を守る活動を行っていることに触れる。 ・消防団や水防団など地域住民の自主防災組織は、災害に備えて防災に関する施設や設備を整備・点検したり訓練したりするなど日常的に活動していることに気づかせる。
4年	○県（都、道、府）の様子 ・県（都、道、府）全体の地形の概要	・地形の状況と自然災害の発生とは関わりがあることに触れる。また、県の地形図などを見て、県内のどこでどのような自然災害が起こりやすいかを指摘させる。
	○飲み水はどこから ・飲料水、電気、ガスの供給	・自然災害の発生時には、飲料水、電気、ガスなどのライフラインが被害を受けて、使えなくなるなど生活に大きな影響を及ぼすことがあること、雨が降らなくて渇水になり、水不足になると日常生活や社会活動に支障をきたすことなどに触れる。
	●自然災害から人々を守る活動 ・県内で過去に発生した自然災害 ・今後想定される自然災害 ・関係機関の協力	・自然災害の発生によって、飲料水、電気、ガスなどのライフラインが被害を受け、生活や産業に大きな影響を及ぼすことがあることを取り上げる。 ・関係機関として、飲料水、電気、ガスを供給している事業を取り上げ、自然災害の発生に備えて、ハードとソフトの面からさまざまな対策や工夫をしていることを理解させる。

	○県内の伝統や文化 ・県内の文化財や年中行事 ・地域の発展に尽くした先人の具体的事例	・地域によっては、災害に関連する石碑や言い伝え、年中行事を見学・調査したり、場所を地図で確認したりする。 ・用水路の開発のほか、植林や堤防工事など地域の治山・治水事業など、自然災害の防止に尽力した先人を取り上げる。
5年	○わたしたちの国土 ・国土の地形や気候の概要	・地形に関して、わが国は山がちな国土であること、日本列島は造山帯の上にあり、地震や火山の噴火がよく起こること、流れが速く短い川が多いこと、海岸線は複雑で長いことを取り上げる。気候に関して、季節風や梅雨、台風などを取り上げる。 ・わが国は地震や火山の噴火、津波、地すべりやがけ崩れ、風水害や豪雪など自然災害の多い国土であることを地形や地象、気候の特色と関連づけて理解させる。その際、理科の学習内容と関連づける。
	・自然条件から見て特色ある地域の人々の生活	・山地や低地、温暖多雨や寒冷多雪の地域に住んでいる人々は、自然災害から生活を守る工夫をしてきた（している）ことを取り上げる。
	○わが国の食料生産 ・自然環境と深い関わりをもって営まれていること	・わが国において食料生産を担っている農業は、自然環境から恩恵を受けているとともに、時には大きな被害を受けることもあることに触れる。

	○情報産業とわたしたちのくらし ・放送、新聞などの産業 ・大量の情報や情報通信技術の活用	・放送局や新聞社で働く人々の工夫や努力について、防災や災害発生時における報道の内容や方法をとおして理解させる。 ・災害の発生における放送や新聞などの役割とともに、利用者としての活用の仕方を考えさせる。 ・インターネットなどの情報手段や情報機器は、自然災害の防止や発生時において利便性を発揮することに触れる。
	●自然災害を防ぐ ・自然災害の防止	・災害の種類や発生の位置や時期に着目して調べ、自然災害は国土の気象や地象と関連して発生していることや、国土を保全し国民生活を守るために国や県などがさまざまな対策や事業を進めていることを理解させる。
	●わたしたちの生活と森林 ・森林資源の働き	・森林には土砂崩れを防ぐ役割があるが、限度を越えた雨が降ると、がけ崩れなどの土砂災害が起こることに触れる。
6年	●わたしたちの願いを実現する政治 ・国や地方公共団体の政治	・政治の働きについて、「自然災害からの復旧や復興」を事例として取り上げ、政治は国民生活の安定と向上を図る大切な働きをしていることを理解させる。
	○わが国の歴史 ・わが国の歴史上の主な事象	・自然災害が歴史を変えたきっかけになったことを取り上げることができる。
	○世界の未来と日本の役割 ・国際協力	・外国での自然災害の発生時において、わが国が国際貢献活動を行っていることや、わが国での災害発生時において、外国から援助活動を受けたことを取り上げる。

（４）学習指導要領（小学校社会科）にみる自然災害に関する内容

ここでは、平成29年３月に告示された学習指導要領をもとに、小学校社会科における自然災害防止教育に関連する学習内容を整理しました。

小学校社会科には、自然災害に関する学習が４年及び５年に明確に位置づいており、さらに６年でも、政治に関する学習で自然災害を事例として取り上げることができるようになっています。

表６：社会科の学習指導要領及び『解説』における自然災害に関する記述

（注）表中の・印は学習指導要領、＊印は「解説」からの引用です。

学　年	学習指導要領及び『解説』の記述（一部要約）
4年	○　自然災害から人々を守る活動について ・地域の関係機関や人々は、自然災害に対し、様々な協力をして対処してきたことや、今後想定される災害に対し、様々な備えをしていることを理解すること。 ・過去に発生した地域の自然災害、関係機関の協力などに着目して災害から人々を守る活動を捉えること。 ・地震災害、津波災害、風水害、火山災害、雪害などの中から過去に県内で発生したものを選択して取り上げる。 ＊風水害とは豪雨、洪水、がけ崩れや土石流などの土砂災害、突風や竜巻などによる災害を指している。
5年	○　国土の自然災害について ・自然災害は国土の自然条件などと関連して発生していることや、自然災害から国土を保全し国民生活を守るために国や県などが様々な対策や事業を進めていることを理解すること。 ・災害の種類や発生の位置や時期、防災対策などに着目して、国土の自然災害の状況を捉え、自然条件との関連を考えること。

	・ここでは、地震災害、津波災害、風水害、火山災害、雪害などを取り上げる。 ＊防災対策に着目するとは、国や県などが進めてきた砂防ダムや堤防などの整備、ハザードマップの作成などの防災・減災に向けた対策や事業について調べることである。 ○　森林資源の働きに関連して ・森林は、その育成や保護に従事している人々の様々な工夫と努力により国土の保全など重要な役割を果たしていることを理解する。 ＊森林の働きによる自然災害の防止には限界があることについても触れるようにする。
6年	○　わが国の政治の働きについて ・国や地方公共団体の政治については、社会保障、自然災害からの復旧や復興、地域の開発や活性化などの取組の中から選択して取り上げる。 ＊自然災害からの復旧や復興の取組を取り上げる場合には、災害が発生したときに市役所、県庁が、自衛隊の派遣を要請するなど国と協力しながら救援活動を行ったり災害復旧のために物流拠点を配置したり、さらに、長期的な視野に立って地域の再興に向けて様々な施策を実行したりしていることなどを具体的に調べるようにする。

４年及び５年に示された「地震災害、津波災害、風水害、火山災害、雪害」は、災害対策基本法に規定された自然災害の分類によります。「風水害」については、『解説』で「豪雨、洪水、がけ崩れや土石流などの土砂災害、突風や竜巻などによる災害」と解説されています。

(５) 社会科教科書にみる自然災害に関する教材

平成29年版の学習指導要領にもとづいて編集され、文部科学省によって検定された教科書は、小学校において令和２年度から４年間使用されています。ここでは、小学校社会科の４年及び５年の教科書に自然災害に関する教材がどのように掲載されているのかを整理しました。小学校社会科の教科書は３社が発行しています。

４年では、子どもたちの住んでいる都道府県内で発生した自然災害について、地震災害、津波災害、風水害、火山災害、雪害などから選択して取り上げるよう学習指導要領に示されています。ここでは、災害の発生時における対処と今後想定される災害への備えについて理解させるようになっています。

各教科書は、単元の導入場面（オリエンテーションのページ）で、さまざまな自然災害が発生していることを概観したあと、メイン教材として地震と水害のいずれかを取り上げています。選択的な扱いになっているためです。事例地が都市部であるために、地震や水害に関連して引き起こされる土砂災害についてはほとんど触れられていません。

メイン教材の学習のあとに、発展教材または選択教材としてそのほかの自然災害が紹介されています。しかし、多くの学校では、指導時間に余裕がないため、これらの教材を取り上げることは少ないものと考えます。

３・４年では教科書のほか、地域の教育委員会や社会科研究会等が編集・作成した社会科副読本を活用しています。４年の社会科副読本における教材掲載の状況について調べてみると、教科書と同じように、地震や水害に関する事例が多く選択されています。たとえば『きょう土のすがた富山県』（富山県小学校教育研究会編）には、地震や豪雪の事例とともに、「土砂災害や水害からくらしを守る」という項目で「立山の砂防」の役割について解説されています。

副読本の編集に当たっては、県内で過去に発生した（あるいは今後発生することが予測されている）災害の事例を複数紹介し、それらのなかから各学校が選択して取り上げることができるようにすることも考えられます。このことによって、教材が豊かになり、子どもたちの発展的な学習を期待することができます。

次に５年の教科書をみてみます。学習指導要領によると、子どもたちの視野を広げるため、国内にみられるさまざまな自然災害を網羅的に取り上げるように

表7：教科書における自然災害教材の掲載状況（4年）

【4年】	A社	B社	C社
オリエンテーション	•地震（津波）、風水害（豪雨、土砂くずれ）、火山、雪害（静岡県）	•地震、火山噴火、洪水、豪雪 （全国各地）	•地震、台風、水害、竜巻、火山噴火、土砂災害 （東京都）
メイン教材	•地震への備え （静岡県浜松市）	•地震、津波への備え（静岡県静岡市）	•水害の原因と対策 （東京都杉並区）
サブ教材	○発展教材 •風水害（茨城県） •火山災害（長野県御嶽山）	○選択教材 •水害（新潟県三条市） •火山噴火（北海道有珠山） •雪害（秋田市）	○選択教材 •地震（神戸市） •津波（和歌山県） •火山（宮崎県新燃岳） •雪害（青森県弘前市）

注：(　) 内は事例地を表しています。

なっています。ここでは、自然災害が国土の自然条件と関連して発生していることや、国土を保全し国民生活を守るために国や県などがさまざまな対策や事業を進めていることを理解させるようになっています。選択的な扱いになっている４年とは異なった扱い方です。

こうした学習指導要領の趣旨を受けて、５年では、次ページの表のように、全国各地で発生したさまざまな自然災害が取り上げられています。

ここでは、風水害に関連づけて、土砂災害についても取り上げられており、「土砂くずれの前ぶれ」「土石流」「砂防ダム」など土砂災害の防止に関わる専門的な用語がみられる教科書もあります。

表8：教科書における自然災害教材の掲載状況（5年）

【5年】	A社	B社	C社
オリエンテーション	•地震災害、津波災害、風水害、火山災害、雪害 （全国各地）	•地震災害、風水害、火山災害、雪害、津波災害 （全国各地）	•過去40年間に起こった災害（台風、洪水、土砂くずれ、地震、大雪、噴火）
メイン教材	•地震災害、津波災害、風水害、火山噴火、雪害への取り組み （全国各地） •風水害に関連して、土砂災害や前兆現象に触れている。	•津波、地震を中心に風水害、雪害、火山災害への対策 （全国各地） •土砂災害への対策 （広島市）	•日本の自然災害（火山、大雪、地震、津波、高潮など） •豪雨による土石流 （福岡県朝倉市） •災害が起きやすい理由、生活や産業への影響、災害への備え

注：（　）内は事例地を表しています。

3　社会科における指導計画作成と実践のヒント

ここでは、社会科の学習指導要領に示されている自然災害防止に関わる主要な単元に焦点を当て、指導計画の作成及び実践のヒントについて、そのポイントを解説します。

（1）４年・単元「自然災害から人々を守る」の指導計画

①　本単元の趣旨

単元「自然災害から人々を守る」は、学習指導要領の「内容」（3）を受けて設定されます。「内容」（3）には次のように示されています。

> 地域の関係機関や人々は、自然災害に対し、様々な協力をして対処してきたことや、今後想定される災害に対し、様々な備えをしていることを理解すること。

ここには、子どもたちに理解させる事項が２つ示されています。そのキーワードは「対処と備え（予防）」です。

子どもたちは、３年で単元「消防しょで働く人たち」を学習しています。ここでの教材は、火災という主として人間の過失によって起こる「人災」が取り上げられ、指導内容に防災教育の視点が位置づいています。

火災を取り上げた学習で、子どもたちは火災発生時における「対処」と、火災に対する「防止」についてすでに学んでおり、「対処と予防」という２つのキーワードはすでに獲得済みの概念です。

また、火災を事例にした学習で、「地域の関係機関」に当たる消防署という行政機関が取り組む「公助」の視点とともに、「地域の人々」に当たる消防団など地域の住民組織が取り組む「共助」の視点についても学習済みです。学級によっては、子どもたちに「自助」の視点から予防や備えについて考えさせていることもあります。４年の子どもたちにとって「公助と共助」という社会に対する見方はすでに習得していることになります。

このような学習の履歴（経験）を踏まえると、４年の単元「自然災害から人々を守る」の指導において、３年の単元「消防しょで働く人たち」での学習成果と関連を図りながら展開することが重要なポイントになります。

そのためには、３年の「消防しょで働く人たち」の学習で、「対処と予防」という概念や「公助と共助」という視点を習得・獲得させる指導を重視するとともに、こうした見方・考え方を身につける指導が意図的に行われている必要があります。

多くの子どもたちは、３年での学習経験を忘れていることが予想されます。そのときの学びを思い起こさせながら、本単元の学習を計画し展開することがカリキュラム・マネジメントの視点から重要です。

本単元は単元名に「自然災害」という用語がズバリ位置づいているように、社会科における防災教育、とりわけ自然災害防止教育を実践する重要な指導場面だといえます。

②　教材の取り上げ方

４年の社会科は、自分たちの住んでいる県（都、道、府）を対象に学習し、県（都、道、府）に対してさまざまな観点から理解と関心を深めさせることに主眼があります。

前ページに示した学習指導要領の「内容」（３）の前半に「自然災害に対し、様々な協力をして対処してきたこと」とあるように、ここでは、まず過去に発生した自然災害を取り上げます。また、後半に「今後想定される災害に対し、様々な備えをしていること」とあるように、ここでは、今後発生が想定されている自然災害を取り上げます。

学習指導要領には「内容の取扱い」に、「地震災害、津波災害、風水害、火山災害、雪害などの中から、過去に県内で発生したものを選択して取り上げること」と示されています。さまざまな自然災害をあれもこれも網羅的に取り上げるようにはなっていません。基本的には、ひとつの自然災害が取り上げられます。ここで取り上げられる事例はいずれも県（都、道、府）内で発生した自然災害のなかから選定されます。

このことは、教材として取り上げられる自然災害が、県によって違ったり、あるいは学校によって違ってくることもあるということです。いずれにしても、過去に県（都、道、府）内で発生した典型的な自然災害が取り上げられることになります。

たとえば東京都では、近年発生した自然災害に、昭和58年（1983年）と平成12年（2000年）に発生した三宅島（三宅村）での火山の噴火、昭和61年（1986年）11月に伊豆大島（大島町）で発生した三原山の火山の噴火や平成25年（2013年）の土砂災害、平成17年（2005年）の杉並区での水害などがあります。過去に発生した自然災害として、これらのなかから選択することが考えられます。

また、阪神地区の大阪府や兵庫県、東北地方の太平洋岸の青森県、岩手県、宮城県、福島県、九州の熊本県や大分県などでは地震を、長崎県や鹿児島県、長野県や岐阜県、北海道などでは火山の噴火を事例として取り上げることができます。栃木県や茨城県、岡山県などでは水害を取り上げることが考えられます。広島県や和歌山県、奈良県などでは、近年発生した土砂災害が教材になります。

過去に発生した自然災害と今後想定される自然災害の２つの事例を決定するとき、両者の災害を一致させる方法と、異なる災害を取り上げる方法があります。

③　授業づくりのポイント

前述したように、本単元には子どもたちに理解させる学習内容が２つあります。そのため、「過去に自然災害が発生したとき、市役所や地域住民はどのように取り組んだのでしょうか。また、今後予想されている災害に対して、市役所や地域住民はどのように備えているのでしょうか」といった、２つの内容を追究していく学習問題になりがちです。

しかし、２つの疑問詞（どのように）を含んだ学習問題にすると、２つの内容を対象にして、学習問題に気づかせたり、予想し学習計画を作成したりすることはもちろんのこと、２つのことを追究していくことになり、４年の子どもたちにとって学習が高度になります。

こうした問題を解決するためには、次のような工夫をします。ここでは、２つの方法を提案します。

・ひとつのアイデアは、学習内容に合わせて、過去の自然災害と今後想定される自然災害の２つに分けます。２つの小単元から構成しますから、単元が「ふたこぶラクダ」のようになります。前述した学習問題を２つに分けて、順に追究していくことになります。時間的な余裕がある場合にはこの方法がベターです。
・いまひとつのアイデアは、２つの内容のいずれかを重点化し、指導時間に軽重をかけます。この場合、さらに２つの方法があります。そのひとつは、前者（発生時の対処）を「事前の学習」として展開し、それを踏まえて後者（発生を想定した備え）に多くの時間をかけて問題解決的な学習を展開する方法です。いまひとつは、前者に時間をかけて詳しく丁寧に扱い、後者を発展的な学習として位置づける方法です。

次に、本単元の授業展開について考えます。ここでは、「災害発生時の対処」について時間をかけて展開し、「災害発生を想定した備え」については発展的に展開する方法を紹介します。東京都を例に、土砂災害を事例にしました。

④　単元「自然災害から人々を守る」の授業展開

●オリエンテーションの学習（１時間扱い）

いきなり、土砂災害が発生したときの対処に関する学習を展開するのではなく、まず土砂災害に導くためのオリエンテーションを行います。ここでのポイントは次のとおりです。

・オリエンテーションのねらいは、さまざまな自然災害を概観することです。都内ではこれまでに、地震、風水害、土砂災害、火山の噴火などさまざまな自然災害がほぼ毎年のように起こっていることを理解させることです。そのために活用する資料は、主な自然災害の写真、自然災害が発生した時期を表した年表と場所を示した地図です。新聞記事を活用する方法もあります。
・ここでは、自然災害の種類（多様性）と時期（いつでも、常時性）と場所（どこででも）の観点から押さえることがポイントです。オリエンテーションを踏まえて、具体的事例（ここでは土砂災害）に導きます。

●土砂災害をメインの教材にした学習（６時間扱い）

ここでは、東京都大島町（伊豆大島）で発生した土砂災害を事例に、次ページのような授業の展開案を作成します。

表9：指導計画「土砂災害から人々を守る」

	教師の主な発問・指示と予想される子どもの反応例	主な資料	指導上の留意事項
学習問題をつくる　2時間	①　東京都大島町ではどのような自然災害が発生しましたか。 ・予想を越える豪雨によって、山の斜面が崩れ落ちた。 ・大勢の犠牲者が出た。 ②　災害の発生時に、誰が（どこが）対処したのでしょうか。 ・東京都や大島町、国の関係者 ・大島町の住民組織など 土砂災害が起こったとき、東京都や大島町、国などはどのようなことをしたのだろうか。 ③　学習問題に対して予想し、学習計画を立てましょう。 ・行政機関が対処したこと ・住民組織が行ったこと	・土砂崩れの様子（写真） ・被害状況（図表）	・ここでは、平成25年に伊豆大島の三原山で発生した土砂災害を取り上げる。 ・災害の模様を伝えるビデオ教材を活用するとよい。 ・土砂災害の恐ろしさに気づかせ、学習問題を設定する。 ・調べる観点は予想したことをもとに設定するとよい。
調べる	④　土砂災害が発生したとき、国や東京都はどのように対処したのでしょうか。 ・避難命令を出して、避難を呼びかけた。 ・東京都と大島町と国が連絡し合って対処した。	・大島町の防災対策室の人の話 ・各機関の働き（説明文） ・緊急的な予防策（写真と話）	・大島町は、東京消防庁、警視庁、自衛隊、地域の消防団などさまざまな関係機関と連携して対処したことに気づかせる。

3時間	⑤　大島町の住民組織はどのように対処したのでしょうか。 ・消防団や町内会の人たちが住民の避難を勧め、誘導した。 ⑥　大島町の住民はどのように避難したのでしょうか。 ・大島町からの情報や指示などをもとに安全な建物に避難した。	・住民の声（文章または音声）	・公助、共助、自助の3つの用語を指導する。3つの「助」が相互に関連して、住民の命が守られることに気づかせたい。
まとめる　1時間	⑦　調べたことをもとに、土砂災害から人々を守るためにどのようなことをしたのか、学習問題に対する考えをまとめましょう。 ・（例）土砂災害の発生時には、人々を守るために国や東京都、大島町、地域の人たちが連携して対処した。 ・（例）関係機関は互いに協力し合って、それぞれに力を発揮した。生命尊重を第一に考えて対処したことがわかった。	・これまでに活用した資料やノートなど	・登場した関係機関を列記させ、それらがどのように結びついているか、これまで調べてわかったことをもとに関係図に表現させてもよい。 ・学習問題に対するまとめの文は、整理した図などをもとに書かせるようにする。

学習指導要領の「内容」に示されている「関係機関」について、「内容の取扱い」に「県庁や市役所の働きなど」を中心に取り上げることと示されていますので、ここでは東京都や大島町の働きを中心に学ぶようにしました。

土砂災害に変えて、地震を事例にしたとき、指導時間に余裕がある場合などには、すでに学習している「飲料水、電気、ガスを供給する事業」との関連を図り、これらのライフラインに関わる事業者は地震に備えてどのような対策や体制をとっているのかを調べ、その働きや意味などを考えさせることもできます。これは「関係機関」を広く捉えるものです。

こうした指導によって、公助の働きについて、土砂災害を事例にした学習とはまた違った立場から、対処や備えを学ぶことができます。

●発展的な学習（２時間扱い）のポイント

大島町での土砂災害を事例に学習したあと、発展的な学習として、次の２つの学習活動を組み入れます。指導時間に２時間をあてます。

まず、１時間目には、写真や地図を見て、大島町では今後も土砂災害の発生が想定されていることを押さえたあと、「東京都や大島町、国は、今後の土砂災害の発生に備えてどのような対策をとっているのでしょうか」と問いかけます。たとえば、砂防ダムや避難施設などの建設やハザードマップの作成と配布、活用の啓発など、今後の発生を想定した、主に東京都や大島町におけるハード面とソフト面の取り組みを「公助」の観点から押さえます。

次に、２時間目には、身近な地域で起こりうる自然災害を想定して、自分たちはどのような備えをすべきなのかを「自助」の観点から考えさせます。土砂災害の警戒区域が身近に指定されている場合には、土砂災害が発生することを想定することもできます。また、地域の実態に応じて、水害や地震などの災害を想定することもできます。

いずれにしても、役所などから配布されている防災に関するチラシや防災マップ、ハザードマップなど具体的な資料を手がかりに考えさせるようにします。たとえば、「３日分の非常食と必要品を用意しておくといいね。用意するものは季節によって変えなければならないものもあるね」「日ごろから地域の人たちと仲良くすることが大切です。自分の身は自分で守ることを第一に考え行動したいです」などの意見を引き出すようにします。

（２）５年・単元「わが国の自然災害」の指導計画

①　本単元の趣旨

単元「わが国の自然災害」は、学習指導要領の「内容」（５）を受けて設定されます。「内容」（５）には次のように示されています。

自然災害は国土の自然環境などと関連して発生していることや、自然災害から国土を保全し国民生活を守るために国や県などが様々な対策や事業を進めていることを理解すること。

ここには、子どもたちに理解させる事項が２つ示されています。そのひとつは「自然災害は国土の自然環境などと関連して発生していること」です。わが国で発生している自然災害は、国土の自然環境の影響を受けて発生していることを理解させることにねらいがあります。自然環境とは、地形や地質などの地象や気候などの気象です。

ここでは、理科の授業で扱われる、地球に関する学習内容（たとえば、天気の変化や流れる水の働き、土地のつくりや変化など）との関連を図ることによって、子どもたちは理解を深め、学習をより確かなものにすることができます。

いまひとつの理解させる事項は、「自然災害から国土を保全し国民生活を守るために国や県などが様々な対策や事業を進めていること」です。ここでも「関係機関の協力」に着目させるようになっており、４年での自然災害に関する学習と一部重複しています。ただ４年との大きな違いは「国土保全」にあります。

こうした見方を養う背景には、５年の学習対象は国土全体であり、子どもたちに国土に対する理解・認識を深めさせることにねらいがあるからです。自然災害の具体的事例の取り上げ方も当然変わってきます。４年で取り上げられる自然災害との違いを理解し、４年と同じような学習にならないようにします。

②　教材の取り上げ方

学習指導要領には、上記の「内容」に関連して「地震災害、津波災害、風水害、火山噴火、雪害などを取り上げること」と示されています。また『解説』では、風水害について豪雨、洪水、高潮、がけ崩れや土石流などの土砂災害、突風や竜巻などの災害であるとしています。

ここでは、４年での自然災害についての学習のように、ひとつを選択するようにはなっていません。列記されている自然災害をすべて取り上げ、いずれの自然災害も扱うようになっています。これは国土に対する理解・認識を深めるための手だてです。

ただ、地震災害、津波災害、風水害、火山噴火、雪害をそれぞれ１単位時間ずつ扱うと、少なくても５時間が必要です。風水害を暴風と洪水と土砂崩れに分けてそれぞれ扱うと、さらに指導時間が必要になります。また、ひとつの自然災害に対する理解が浅くなってしまいます。こうした問題を解決するためには、次のような展開を工夫することができます。

５年になると、資料を読み取る力や考える力、まとめる力など、社会科の学習力が徐々に身についてきていることが予想されます。またそうあってほしいと願っています。こうした子どもの発達状況を踏まえると、自然災害を子どもたちに選択させ、個々にあるいはグループで調べさせる方法が考えられます。ただ、いきなり調べさせたり、調べることで終わってしまっては、わが国で発生しているさまざまな自然災害について学んだことにはなりません。

ここでの指導のポイントは、下記に示すように、学習問題を設定する場面と、子どもたちが調べたことを発表し協議する場面にあります。

③　授業展開のポイント

①　学習問題に気づく【１時間目】

ここでは、４年の「自然災害から人々を守る」と同じように、国内で発生したさまざまな自然災害をまず概観させます。そのポイントは次の３つです。

- 最近、国内で発生した地震災害、津波災害、風水害、土砂災害、火山噴火、雪害などの様子、できれば被害を受けた様子の写真を示します。写真の事例地が全国各地にちらばるように配慮します。ここでは、わが国はさまざまな自然災害が発生する「自然災害のデパート」であること（自然災害の多様性）を捉えさせます。
- 写真で示した自然災害がどこで発生したのか、地図で確認します。ここから自然災害は日本各地で発生していること、どこででも起こりうることに気づかせます。これは自然災害の発生を空間軸（地理的な目）で捉えることです。こうした学習をとおして、わが国は「自然災害列島」であり、こうした国土に私たちは住んでいることを改めて理解させます。
- 写真で示した自然災害がいつ発生したのか、年号（または西暦）を確認し、年表に整理します。ここから、わが国では自然災害が毎年のように、いつでも発生していること、いつでも起こりうることに気づかせます。これは、自然災害の発生を時間軸（歴史的な目）をもって理解させることであり、「日常茶飯」の出来事として受けとめさせることでもあります。

ここまでは、自然災害の事例を自分たちの住んでいる県内から選定するか。国内から広く選定するかの違いはありますが、４年の学習と同じ視点と手順で展開されます。

このあと、これらの自然災害が日本で多く発生するのはなぜか、理由や背景を考えさせます。その際、ヒントになる資料として、わが国の地質に見られるプレートの様子、主な活断層の分布、活火山の分布、台風の発生場所と過去の主な進路、国土は山がちで河川が急流であることなどを資料として提示します。

指導時間に制約がある場合には、自然災害をグループごとに分担して、背景などを調べさせ、その後発表させるとよいでしょう。発表をとおして、自然災害はわが国の国土の自然環境などと深く関連して発生していることを押さえます。

本時の終末では、さまざまな自然災害が発生すると、生活や産業が大きな被害を受け、時には生命や財産を失うことがあることについて話し合います。それを踏まえて、「さまざまな自然災害から国土や人々の生活を守るために、国や県などはどのような対策をとっているのだろうか」という学習問題を設定します。

②　学習問題について予想し、学習計画を立てる【２時間目】

学習問題について予想させるとき、自然災害全般を対象に予想させることは難しいですから、特に関心をもった災害、または前時に自然環境との関連を調べた災害を対象に予想させるとよいでしょう。４年での自然災害の学習を思い起こさせ、国や県などの対策をできるだけ具体的に予想するよう促します。

このあと、わが国で発生しているさまざまな自然災害のなかから選択してグループごとに調べていくことを予告します。グループは子どもの希望を尊重しながら３～４人程度で構成します。取り上げる自然災害は、資料の準備状況、子どもの興味・関心、子どもの発達段階、４年での自然災害についての学習経験などを考慮して選定します。ここでは、地震災害、津波災害、風水害、土砂災害、火山噴火、雪害の６つの災害を取り上げることとします。

それぞれの自然災害をグループごとに調べる際の共通的な視点を次のように示

します。

・国や県などでは、自然災害を防ぐために、どのような施設や設備をつくっているか。（ハード面の取り組み）

・国や県などでは、自然災害を防ぐために、災害に関してどのような情報を住民に伝えているか。（ソフト面の取り組み）

ここでは、主として国や県などによって行われているハード面とソフト面の取り組みについて具体的に調べることを予告します。

③　グループごとに調べる活動を展開する【３～４時間目】

子どもたちには、発表するときのことを考えて、調べたことをハードとソフトの面からまとめるよう指示しておきます。

ここでは、自然災害そのものを調べるのではなく、防災・減災の観点から国や県などがどのような対策をとっているのかを調べることに主眼があることを徹底します。

教科書を中心に調べさせ、余力のあるグループには、学校図書館やインターネットなどを利用するよう促します。その際、書名や資料の出典などを必ず記録しておくように助言します。

④　調べたことを発表し学習のまとめをする【５時間目】

次ページの表は、自然災害ごとに具体的な対策をハードとソフトの面から整理したものです。ここから、主な自然災害対策について、子どもたちにどのような内容を調べさせておくとよいかが明確になります。

調べたことを発表する時間には、すべての自然災害に関する資料をすべての子どもたちに配布します。ほかのグループの発表を聞く子どもたちは、その自然災害について直接調べていません。はじめて耳にする新しい情報です。発表させるときには、このことに留意して、子どもたちが活用した資料を提示したり、わかったことを丁寧に説明したりするよう助言します。

発表したあと、学習成果をまとめさせる場面では、さまざまな自然災害に目を向け、国や県などの取り組みの傾向性に気づかせるようにします。

国や県などのハード面の取り組みをみると、それぞれの自然災害の特質に応じた独自な対策がとられていることがわかります。また、地震と津波、風水害と土砂災害など複数の災害が関連して発生することもあり、相互に関連を図った対策がとられていることもあります。

一方、ソフト面では、気象情報の提供や速報、ハザードマップの作成、避難訓練の実施、防災計画の作成など住民の生活や行動と直接結びついた対策が行われていることがわかります。

表10：主な自然災害対策のハード面とソフト面

自然災害	ハード面	ソフト面
地震災害	• 学校など建物の耐震化 • 橋や鉄道の橋脚を強くする	• 緊急地震速報、避難訓練 • 防災計画
津波災害	• 防潮堤、避難タワーの建設 • 住宅地のかさ上げ	• 津波警報、避難訓練 • ハザードマップの作成 • 防災計画、避難場所の案内
風水害	• ダム、堤防、遊水池の建設 • 放水路の建設、避難所	• 気象情報、避難訓練 • ハザードマップの作成
土砂災害	• 砂防ダム、砂防堰堤 • がけ崩れの防止工事	• 気象情報、避難情報の提供 • 土砂災害警戒区域の指定
火山噴火	• 避難所（シェルター）建設 • 火砕流の防止工事	• 火山情報、登山情報の提供 • 火山の観測体制、避難訓練
雪害	• 除雪車の配置及び除雪 • 融雪溝、雪崩防具柵の設置	• 気象情報、道路情報の提供

（3）6年・単元「政治の働き—自然災害からの復旧・復興—」の指導計画

①　本単元の趣旨

単元「わたしたちの生活と政治」は、一般に「日本国憲法」と「政治のしくみ」と「政治のはたらき」の３つの小単元から構成されます。このうち「政治のはたらき」に関する学習は、下記に示した学習指導要領の「内容」（1）の（イ）を受けて設定されます。

> 国や地方公共団体の政治は、国民主権の考えの下、国民生活の安定と向上を図る大切な働きをしていることを理解すること。

ここでのねらいは、国民生活の安定と向上を図るうえで国や地方公共団体の政治が大切な働きをしていることを理解させることです。そのために、政策の内容や計画から実施までの過程、法令や予算との関わりなどに着目して調べるようになっています。

また、「内容の取扱い」には、社会保障、自然災害からの復旧や復興、地域の開発や活性化などの取り組みのなかから選択して取り上げるように示されています。多くの学校では、福祉施設など「社会保障」の事例を取り上げて指導されていますが、「自然災害からの復旧や復興」を選択して政治の働きを学ばせることができます。こうした実践はこれまであまり見られませんでした。

ここでは、東日本大震災で大きな被害を受けた人々の願いがどのように実現されたのか。あるいは実現されているのかを事例に政治の働きを学習する指導プランを考えます。

ここでは、自然災害からの復旧と復興の両者を対象にしています。復旧とは壊れたものなどをもとの状態にもどすことであり、復興とは再び盛んな状態にもどすことです。両者に大きな違いはありませんが、前者は緊急の対応であり、後者は将来を見据えた取り組みです。時間軸で捉えると、地域住民の願いが時間の変化とともに時々刻々と変化し、それに応じて対策や取り組みも変化していきます。

②　学習の展開

主な発問と、そこで押さえたい学習事項は次のとおりです。各活動の扱い時数は省略しました。

①　東日本大震災直後の写真を見て、「被害を受けた人たちの願いは何だったのだろうか」と問いかける。

・生活するところがほしい。食べ物や飲料水もほしいなど、住民からは生活に密着した願いが多く聞かれた。

②「被災した住民に対して、どのような支援が行われたのだろうか」と問う。

・被災した自治体では、災害対策本部を設置し、災害救助法を適用して被災地を支援した。自衛隊に災害時の派遣要請を行った。

・国（政府）は、災害対策基本法にもとづいて緊急災害対策本部を設け、関係機関と連携しながら、被災地に対して全国からの支援体制をとった。

③　復興が進んでいる現在の町づくりの様子の写真と震災直後の写真を比べ、「復旧・復興に向けて、国（政府）はどのような支援を行ったのだろうか」と問いかける。

・国会で第一次補正予算を成立させ、仮設住宅の建設、水道や電気などのライフラインの復旧、大量のがれきの撤去を進めた。

・国会で、東日本大震災復興基本法を成立させ、復興庁を設けた。また、平成25年（2013年）1月1日から2037年までのあいだ、復興に役立てる特別な税金（復興特別税）を徴収することを決めた。

・法律や予算は、選挙で選ばれた議員で構成される国会で、原則衆議院、参議院の順で審議され決定される。

・釜石市などの自治体では、国の援助を受けながら、市民の願いを踏まえて復興計画を作成し、現在も新しい町づくりが進められている。

④　こうした学習をとおして、国民の願いは国会や議会で審議されて法律や条例として定められ、予算が決定されることによって実現されることを理解させる。ここに政治の働きがある。

コラム

新しい地図記号 ― 自然災害伝承碑

社会の変化を反映して、新しい地図記号が生まれています。地図記号は国土地理院が定めています。比較的新しい地図記号に、風車や博物館、老人ホーム、図書館があります。

平成26年（2014年）には、近年災害が頻発していることを受けて「避難所」が加わりました。

また、平成31年（2019年）3月に、国土地理院が「自然災害伝承碑」の地図記号を定めました。これは従来からの「記念碑」の記号に碑文を表す縦棒を加えたものです。自然災害伝承碑は、過去に起きた津波や洪水、火山被害、土砂災害などの自然災害の情報を伝えている石碑やモニュメントを表しています。その数は令和4年8月現在で、1498基になりました。今後も増える傾向にあります。

自然災害伝承碑は、過去に災害の起こった場所に多くみられます。自然災害伝承碑の存在は、過去にこの地で災害が発生した証しです。伝承碑には当時の災害の被害状況が記録されていることもあり、災害の恐ろしさが伝わってきます。後々の人々に対して、注意すべきことが記されていることもあり、先人からのメッセージとして読み取ることができます。

自然災害伝承碑は、地域に対する理解を深め、防災意識を高める教材として活用することができます。

身近な地域に自然災害伝承碑はみられませんか。まずは、その場所を地域の古老に聞いたり、新しく作成された2万5千分の1などの地図で探し出したりして、実際に訪ねてみてはどうでしょうか。

大津波の被害と教訓を伝える宮古市田老地区の津波記念碑（写真提供：宮古市）

Ⅳ章 自然災害防止教育と私の体験
―「自然災害」との関わりの軌跡―

本章の趣旨

筆者には、これまで防災教育や自然災害防止教育に直接関わる機会がたびたびありました。

防災教育や自然災害防止教育に関連して訪問した地域に兵庫県南あわじ市があります。この地域は近い将来南海トラフ地震の発生が想定されており、南あわじ市や教育委員会をあげて、防災教育に取り組んでいます。毎年1月に防災週間を設けるなど、学校と地域住民の防災意識の高い地域です。

南あわじ市立賀集小学校では、4～6年の子どもたちを対象に「防災学習―私たちにできること」をテーマにお話する機会がありました。

また、同じ市内の福良小学校では、保護者や地域住民を対象に「モノと人と心の『備え』」をテーマにお話させていただきました。当日は、平成23年（2011年）3月11日に発生した東日本大震災のときの私の体験についても触れました。このときの模様は地元のケーブルテレビで放映されました。福良小学校は食育や社会科の授業研究でもたびたびうかがった学校です。

そもそも私が自然災害やその防止教育に関心をもつようになったのは、平成10年のことです。きっかけは「砂防」です。当時は、砂防（砂を防ぐ）とは何のことかも知りませんでした。もちろんＳＡＢＯが国際語になっていることも知りません。その後、砂防や自然災害に関心をもち、これらの課題に関わる教育のあり方を考えつづけ、現在に至っています。このあたりの経緯についてもまとめてみました。

本章では、この四半世紀に私が体験したことを「『自然災害』との関わりの軌跡」として紹介します。

1　子どもたちに語った防災学習

令和４年（2022年）１月13日に、兵庫県南あわじ市立賀集小学校にうかがう機会がありました。防災週間にちなんで防災学習を行うためです。当日は、４～６年の子どもたちを対象に「防災学習―私たちにできること」をテーマに、子どもたちの発達段階にも配慮しながら話しました。

防災週間は、平成７年（1995年）１月17日に発生した阪神・淡路大震災の被害を忘れず、自然災害から自分の身を守る意識を新たにするため、毎年この時期に設定されています。私は、今日学んだことを家の人にも伝えてほしいと、防災学習の目的を前置きして、話を次のように進めました。

そのときの模様を一部加筆・修正して再現します。

（１）子どもたちに語ったこと―その概要

①　自然災害を分類しよう

自然災害とひとくちでいっても、たとえば、地震、津波、洪水、暴風、土砂災害、火山の噴火などさまざまな災害があります。これらを次の２つに分類（仲間分け）してみましょう。そのひとつは「いつ起こるかわからない災害」です。予知できない災害ともいいます。いまひとつは「事前に、ある程度予知できる災害」です。予知できるとは、予め知ることができることです。この場合には、前もって逃げる準備ができます。

地震は、いつ起こるかを予知することができません。津波は地震の発生に伴って起きますから、押し寄せてくるまでに時間の違いはありますが、事前に予知することができます。洪水や暴風、土砂災害は気象条件と深く関連していますから、事前の気象情報を知ることによって、事前に災害の発生をある程度予知することができます。火山の噴火については、これまでの経験によると、予知できる場合とほとんどできない場合があります。

このように、さまざまな自然災害を仲間分けしてみると、地震や一部の火山噴火のように、突然やってくる災害と、気象情報や前ぶれ（前兆現象）などによって予知できる災害があることがわかります。

自然災害によって、心がまえや準備の仕方、避難の方法などが変わってきます。みなさんの住んでいる地域では、これまでにどのような自然災害が起こったのか。これからどのような自然災害が起こりうるのか。起こるとされているのか。自然災害から身を守るためには、まずはこのことを知っておく必要があります。

②　地震から身を守るために必要なこと

次に、地震に焦点を当てて、自分の身を守るために何が必要かを考えます。そのポイントは、次の３つです。

まず、地震という災害の特質です。地震はどのような災害なのでしょうか。地震は、学校で、家庭で、道路や公園で、買い物の途中で、車に乗っているときなど、どこで起こるかわからない災害です。いい換えると、地震はどこでも遭遇する可能性のある災害だということです。

地震は、朝・昼・晩、起きているとき・寝ているとき・遊んでいるとき、日曜日・月曜日…など、いつ起こるかわからない災害です。いい換えると、地震はいつでも遭遇する可能性のある災害だということです。

しかも、地震による揺れの大きさはさまざまです。小さいものから、大きなもの、巨大なものまでさまざまな規模で起こります。

このように、私たちは、いつ、どこにいるときに、どのような大きさの地震に遭遇するか、まったくわからないこと、また現在の科学の力では、地震は発生を予知できない自然災害であるということをしっかり認識しておくことが大切です。地域によっては、地震で建物などが揺れたり壊れたりするだけでなく、津波をともなったり、がけ崩れを起こしたりします。地震で崩れた土砂が川をせき止めて、それが一気に流れると、洪水を起こすこともあります。

大きな地震が起こると、家や道路、橋などが壊されます。津波が起こると、家や商店などが流されます。地震で土地が揺さぶられると、がけ崩れが起こり、家や田畑がつぶされます。

このように、地震は一瞬にして、家を壊したり、命を奪ったりするこわい自然災害です。

次のポイントは、地震が起こったときどうするかです。地震の規模によっても行動の仕方は変わってきますが、まずは静まるまで、落ちついて待つことです。

机の下にもぐる、倒れやすいものから離れるなど、身を守る行動をとります。揺れが収まったら避難します。建物から離れる行動をとります。

かつては「ぐらっときたら、火の始末を」といわれました。しかし、いまでは地震などの揺れでストーブやコンロなどは自動的に火が消えるようになっているものもあります。まずは身を守ることが第一です。

規模によっては、避難所に行きます。さらに逃げること（二次避難）もあります。津波が予想される地域では高台に避難します。土砂崩れが起きやすい場所は避けます。

地震から身を守るためのいまひとつのポイントは、地震にどう備えるかということです。まず大切なことは、逃げる練習をすることです。避難訓練です。こうした経験や体験が地震が発生したときに生かされます。そのためには、さまざまなケースを想定した訓練を行います。家庭でも、学校での避難訓練の経験を生かして行うとよいでしょう。訓練や予防こそ、最大の危機管理です。いざというときに、自分の身を守ることにつながります。

また、避難グッズを備えておきます。家庭で用意しておくもの、避難所に持っていくものを区別しておきます。市役所からのお知らせやチラシなどを参考にします。避難グッズには、期限のあるものや季節によって変わるものがあります。冬の時期には手袋やカイロなどの防寒具があるとよいでしょう。

避難訓練の実施や避難グッズの点検は定期的に行うようにします。

③　自分にできること

ここで、みなさんに考えてほしいこと、みなさんにもできることをお話します。ぜひ取り組んでほしいことは３つあります。

第１は、自分の命は自分で守るという意識をもつことです。地震などの自然災害が、いつ、どこで起こっても、まずは自分の身（命）を守ることを第一に考え行動することです。これを「自助」（自分を助ける）といいます。自然災害はいつ来るかわかりません。自然災害は必ずやって来るということを忘れないことが大切です。

身を守るために、逃げる場所を確認し、逃げ方を決めておきます。玄関などに避難グッズを用意しておきましょう。

第2は、地域を知ること、自然災害のことを知ることです。自分の身を守るためには、この地域でどのような自然災害が起こりうるかを知ることが重要です。また、過去にどのような自然災害が起こったかをお年寄りなどから聞いておきましょう。

この南あわじの地域では、どのような自然災害が起こりうるのでしょうか。いま話題になっている自然災害は、地震や津波（南海トラフ巨大地震）です。気象庁の資料によると、今後30年以内にマグニチュード8クラスの南海地震が発生する確率が70～80%と予測されています。60～70%から引き上げられました。阪神・淡路大震災は、マグニチュード7.3でしたから、それ以上の大きさです。高い確率で、大きな地震が発生することが予想されています。

巨大地震は、いつ起きてもおかしくないといわれています。「30年以内」というのは、4年生のみなさんはほぼ10歳ですから、40歳になるまでにはということになります。

ここにちょっとこわいデータがあります。

南海トラフ巨大地震（震度6弱～7）が夏のお昼12時ごろに起こったとき
南あわじ市では、
- 津波の高さが、約8.1mに達し
- 死者の数が、1,473人
- 建物が全壊する数は、11,255棟になると想定されています。

ところで、私たちはいま住んでいる地域で起こりうる自然災害について知るだけでよいのでしょうか。

ほかの土地に行ったときに自然災害に遭遇するかもしれません。たとえば、山にキャンプに行ったとき、大雨で川が洪水を起こしたり、近くの山が突然噴火したりするかもしれません。私たちが住んでいるこの日本で起こりうる、あらゆる自然災害についても知ることが大切です。

第3は、友だちや地域の人たちと仲良くすることです。災害が起きたとき、独りぼっちにならないように、また独りぼっちの人が出ないように、日ごろから友だちや地域の人たちと助け合い、思いやりの心をもって生活することが大切です。

特に、障害のある人、幼稚園児や保育園児、高齢者などに言葉をかけて、誰ひとり取り残すことがないようにします。

そのためには、日ごろから地域のみんなが仲良くすることです。仲間意識や共同体意識をもって、協力し合いながら生活することです。このことが、災害が発生したとき、助け合いながらみんなの命を守ることになるからです。これを「共助（共に助け合う）」「互助（互いに助け合う）」といいます。

（2）子どもたちに伝えたかったこと

①　日本はどんなところ？

みなさんに伝えたいことは、まず、私たちが住んでいる日本は自然災害の多い国土だということです。私たちはいつ、どこで、どのような自然災害に遭遇するかわからない、そういうところに住んでいます。このことをまず受け入れ、日ごろから物心両面から備えることが大切です。

日本の国土の特質を自然災害の面から理解するために、次のようなクイズを用意しました。５問だします。５問にすべて正解した人は「自然災害博士」です。頑張って挑戦してください。

日本の国土の地理については、５年の社会科で学習しますから、４年生には少し難しいかもしれませんね。

（1）　世界で起こっているマグニチュード６以上の大規模な地震が日本や日本の周りでどれくらいの割合で起こっていますか。阪神・淡路大震災はマグニチュード7.3でした。

①　約１％（100回のうち１回）
②　約10％（10回のうち１回）
③　約20％（５回のうち１回）

正解は、③です。日本は地震が起こりやすい地質のうえに位置しています。わが国は地震国だといわれる理由はここにもあります。

（2）　地震の起きやすいところは「活断層」といわれる、地形にずれのあるところです。日本の国土には、この活断層が現在わかっているだけでどれくらいありますか。

① 約20か所
② 約200か所
③ 約2000か所

正解は、③です。日本の地表近くには、地震を引き起こすたくさんのずれ（断層）が広がっています。

（3） いつ噴火するかわからない山を「活火山」といいます。日本には活火山がいくつありますか。北方領土を含めます。

① 11
② 55
③ 111

正解は、③です。火山は温泉の恵みや地熱発電などのエネルギーを与えてくれます。ときには噴火や地震を引き起こします。日本は火山国でもあります。

（4） 大雨が降ると、がけ崩れなどの土砂災害が起こりやすいとされている土砂災害警戒区域は、全国にどれくらいありますか。

① 約6,800か所
② 約68,000か所
③ 約680,000か所

正解は、③です。土砂災害警戒区域のない都道府県はありません。日本は、世界有数の土砂災害の多発地域です。豪雨などによって、どこで土砂災害が起こっても不思議ではない国土に私たちは住んでいます。

みなさんの住んでいる地域には、土砂災害警戒区域に指定されたところはありませんか。確認しておくといいですね。

（5） 地震にともなって発生する津波は、どのくらいの速さで押し寄せて来ると思いますか。2011年3月に発生した東日本大震災（岩手県宮古市）の場合で考えましょう。

① 時速4キロメートル（人が歩く速さ）
② 時速40キロメートル（自動車が普通の道路を走る速さ）
③ 時速100キロメートル（自動車が高速道路を走る速さ）

正解は、③です。巨大な津波が押し寄せてくると、人間はとたんに呑み込まれてしまいます。普通の自動車でも逃げきれません。

② 意識と知識と常識

このように、日本は山がちな国土であり、川の流れが急です。山に降った雨はすぐに川を滝のように流れ落ちます。大量の水が短時間に平地に流れてきます。国土は海に囲まれていますから、海底で地震が起こると津波を引き起こす可能性があります。わが国は、地震国、火山国といわれています。日本は自然災害の多い国です。

ヨーロッパの国々は地震が少ないといわれています。これには地質が大きく影響しています。また、世界には雨が極端に少ない地域もあります。砂漠など洪水が起きにくい乾燥地域もあります。

私たちは自然災害の多い「災害列島」に住んでいます。これらの災害から身を守るためには、災害の多い国土に住んでいるという「意識」と「知識」をもって生きていくことが大切です。これが日本に住んでいる人の「常識」です。常識とは当たり前のこととして受け入れることです。

今日の防災学習が、「防災」や「自然災害」について理解し、改めて意識する機会になったでしょうか。自分はこれからどうしたらよいか。「私たちにできること」を考える機会になったでしょうか。

今日の防災学習で学んだことや防災について考えたことをぜひ家庭で話題にしてください。家の人たちと話題にすることが、もう一つの「私たちにできること」です。

2　保護者に語った防災講演

兵庫県南あわじ市立福良小学校では、毎年1月に、保護者や地域住民とともに、防災訓練や防災講演会を実施しています。

ここに紹介するのは、そのとき保護者や地域の方々を対象に講演した内容です。読みやすくするため、一部修正・補足してあります。テーマは「モノと人と心の『備え』」でした。このときには、「特定非営利活動法人　防災情報研究所理事」として紹介されました。

(1) 講演で話題にしたこと―モノと人と心の「備え」―

①「つなみ」は海と山から迫ってくる

海岸に近いところで生活していると、地震が起きたとき、どうしても津波のことが気になります。大勢の方は海からの津波に目を向けます。このことはとっても重要なことです。ただ山がちな国土である日本においては、大きな地震が起こると、その揺れで「もうひとつの津波」が起こることがあります。山のほうで発生する「山津波」といわれるものです。具体的には、がけ崩れや地すべり、土石流といわれる土砂崩れです。

本校の地域は、太平洋という海に面しながら、山を背にしています。ここでは、山で起こる災害（土砂災害）についてお話します。

紹介するのは、宮崎県の日之影町神影地区で発生した土砂災害です。次の写真①（次ページ）を見てください。手前に五ヶ瀬川が流れています。川の向こう側に集落が広がり、民家や学校などが分布しています。背後には山があり、立派な森林で覆われています。

子どもたちは5年の社会科で森林資源の働きや役割を学びます。そこでは、たとえば、森林は木材を生み出していること、空気をきれいにしていること、降った雨（水）を蓄えること、動物のすみかになっていること、そして、山崩れなどを防ぐ役割があることなど、森林資源のもつさまざまな働き（機能）を学んでいます。こうした森林の役割や機能についての知識は、私たちおとなも身につけています。

写真①：宮崎県日之影町神影地区（災害前の様子）

写真②：宮崎県日之影町神影地区（災害後の様子）

美しい森林で覆われた日之影町神影地区に、平成17年（2005年）に台風がやってきました。大雨が降ったのです。大雨から山崩れを防ぐとされている森林が土砂もろとも崩れ、土砂崩れや土石流が発生しました。そのときの様子を撮ったのが写真②です。これは写真①とまったく同じ場所です。

写真をみると、土砂が谷筋をなぎ倒された木々とともに駆け降りていること、多くの民家が壊され、川にまで押し流されていることがわかります。幸い、左手にある学校は被害を免れています。

話は飛びますが、平成25年（2013年）10月に、東京の伊豆大島（大島町）で土砂崩れが起き、39人が犠牲になりました。平成26年（2014年）8月に、広島市で土石流が発生し、74人が犠牲になりました。また、平成30年（2018年）7月には、広島市や呉市など広域で土砂崩れが発生し、150人を超える人が犠牲になりました。いずれも、住宅地で起こった痛ましい土砂災害でした。

こうした豪雨による土砂災害は日本の各地で発生し、そのたびに多くの犠牲者が出ています。

ところが、平成17年（2005年）にこの神影地区で土砂崩れが起きたときには、写真②のように家屋などが大きな被害を受けたにもかかわらず、ひとりの犠牲者も出なかったのです。なぜだと思いますか。誰もが予想するように、土砂崩れが起きるまえに逃げたからです。そのため、住宅は空っぽだったのです。地区に誰もいなかったので、犠牲者が出なかったのです。

②　土砂崩れでなぜ犠牲者が出なかったのか

なぜ、逃げたのでしょうか。その理由を神影地区に住んでいる人は、次のように述べています。令和元年度から使用された社会科教科書（５年下、東京書籍）に掲載されている資料を参考に、一部修正しました。

> 神影地区の人の話
>
> 1993年（平成５年）８月に、この地域で大きな土砂災害が起きました。それをきっかけに、消防団の人たちによって、大雨のときは早めの避難を呼びかけるようになりました。自分たちの身は自分たちで守らなくては、という気持ちがだんだん高まってきたのです。2005年（平成17年）の台風がきたとき、消防団の人たちが避難の必要を知らせるとともに、自分たちでも早く避難しました。そのため、土砂災害や土石流が発生しましたが、一人の犠牲者も出ずにすみました。

ここには、犠牲者を出さなかった、いくつかのポイントが示されています。１つは、1993年に大きな土砂災害が起きたときの教訓が生かされたことです。２つは、神影地区の人たちは「自分たちの身は自分たちで守る」という、自助意識が高いことです。そしていま１つは、消防団の人たちが住民に避難するよう、事前に呼びかけたことです。集落の人たちの共同体意識というか、コミュニティーとしての心の結びつきと団結力の強さが背景にありました。

ではなぜ、消防団の人たちは、このとき避難を呼びかけることができたのでしょうか。それは過去の経験などを生かしたからです。消防団の人たちが事前に避難を呼びかけることができたのは、土砂災害が起きるとき、前ぶれ（前兆現象）があることを知っていたからではないかと思います。

土砂崩れなどが起きる前ぶれには、地面にひび割れができる。斜面から水が湧き出す。山鳴りがする。いやな臭いがする。がけから小石がばらばらと落ちてくる。急に川の水がにごり、流木が混ざる。がけに割れ目がみえるなど、事前に発生するさまざまな現象があります。近年、ＮＨＫなどのテレビでも前兆現象に関する情報を提供しています。

消防団の人たちは、前兆現象に気づき、危険を察知したので、避難を呼びかけたんだろうと思います。私たちは目や耳や鼻などの感覚器官で危険を感じ取る力をもっています。

（2）講演で伝えたかったこと

私が、この講演で伝えたかったことは、次の４つです。いずれも当たり前のことです。当たり前のことは常識です。常識として理解し受けとめることが貴重な命を守ることにつながることを肝に銘じたいと思います。

①　コミュニティー意識がみんなの命を守る

日之影町神影地区で発生した自然災害の事例から学ぶことができることは何でしょうか。その１つは、自然災害から身を守るとき、市役所など行政の機関から避難するようにいわれてから、その場から避難するのではなく、地域の住民同士が連携し、互いに声を掛け合って逃げることが大切だということです。町村合併が行われた結果、市役所のある場所と住民が住んでいる集落とが遠く離れていることがあります。そのため、集落によって気象の状況が大きく異なることもあります。

「自分たちの地域の住民の命は自分たちで守る」という意識をもって、コミュニティーづくりを進める必要があると考えます。日ごろから、人と人とのつながりを大切にすること、お隣さんと仲良くすることが、自然災害から命を守る「もうひとつの備え」になるのではないでしょうか。これは物の備えではなく、人と人のあいだでつくる、心の備えです。

②　自然災害の多い国土に住んでいるという意識をもつこと

ここで改めて、わが国の自然災害の特色についてまとめます。１つは、わが国ではさまざまな自然災害が発生するということです。これまでお話してきた土砂崩れをはじめ、地震や津波はもとより、降雨による河川の氾濫、火山の噴火による被害が出ています。豪雪によって生活や産業活動が制約されることもあります。最近では、各地で突風や竜巻が発生し、大きな被害がもたらされています。わが国は自然災害の「標本」といってもよいでしょう。異常気象によって、これまでに体験したことのない自然災害にも遭遇しています。いまや想定外ということはいえなくなっています。

こうした自然災害が多発している背景には、国土の地形や地質、気候などの条件が深く関わっています。広島市での土石流の被害について、被災地の地質が話題になっています。「真砂土（まさど）」といわれる、水分を含むと崩れやすい地質と関連があるといわれています。

日本は地震国です。世界で発生するマグチュード６以上の地震の約２割が日本及びその周辺で起こっています。また、日本は火山国です。最近では、御嶽山や阿蘇山、桜島などで噴火が起こりました。日本には現在111の活火山があります。これは世界の約７％に当たります。

阪神・淡路大震災を引き起こした淡路島の野島断層に代表される活断層は直下型の地震を引き起こす可能性があります。活断層は、現在確認されているだけでも、全国に約2000か所もあります。日本列島の地下はひびだらけになっているのでしょうか。

また、わが国において、土砂災害の起こりうる場所は全国に約52万５千か所もあるとされています。土砂災害警戒区域の数は全国に約68万か所もあります。全国の約９割の市区町村で土砂災害が起こる可能性があります。私たちは土砂災害と隣り合わせに生きているといえるでしょう。自分の住んでいる地域には土砂災害が起こりうる箇所はないのでしょうか。

私たちは自然災害の起こりやすい国土に生きていることを認識し、そのことをつねに意識して生活していく必要があります。

③　いつでも、どこでも起こる

自然災害の特色の２つめは、自然災害がいつ、どこで起こるかわからないということです。このことは、いつでも起こるということです。春夏秋冬、時期を問いません。朝昼夜、時間を問いません。そのため、さまざまな時間を想定して、備えておく必要があります。たとえば冬には、通常の避難用品のほかに、厚めの手袋や簡易カイロなど防寒具を用意しておきます。

家庭や地域社会で避難訓練などを実施するとき、さまざまな時間帯を想定して実施します。

また、どこでも起こりうるということは、子どもたちを例にすると、学校にいるときに地震が起こるとは限らないということです。家庭にいるとき、スーパーで買い物をしているとき、日曜日に遊園地に遊びに行ったとき、あるいは修学旅行先で遭遇するかもしれません。このことはほかの自然災害についてもいえます。山のキャンプに行ったとき、たまたま土砂災害や火山の噴火に遭遇することがあるということです。

このように、私たちの日ごろの行動範囲を考えると、身近な地域で起こる自然災害についての知識を身につけるだけでは十分でないことに気づきます。

学校の津波対策についてお話を聞こうと、東北の三陸地方のある小学校にうかがったときのことです。沿岸部の学校では、東日本大震災で大きな被害を受けました。うかがった小学校の校長先生は、「うちの学校は海抜が100メートル以上の高台にあり、海岸から５キロメートル以上も離れています。そのため、津波はここまで来ませんから、津波の心配はまったくありません。むしろ心配なのは交通事故です。学校の側の道路は自動車がひっきりなしに走っていますから」と仰っていました。

私はそういえばそうだなと思いつつも、どこか腑に落ちませんでした。それは、この小学校に通ってくる子どもたちがいつもこの地域にいるとは限らないと思ったからです。子どもたちは海岸に遊びに行くことはないのか。海水浴に行くことはないのか。そのとき、地震が起き、津波が押し寄せてきたらどうするのかと思ったからです。

このことは、すべての学校にいえることではないでしょうか。子どもたちの身近な地域で起こる自然災害だけでなく、日本の各地で起こりうるさまざまな自然災害について、最低限の基礎的な知識と対応策をしっかり指導しておく必要があるのではないかと思います。

④　公助と共助、そして一番が自助

こうしたことを踏まえて、次の３つの立場で備えが進められています。１つは

国や地方公共団体などによる備えです。自然災害から人の命や国土を守るために、必要な施設・設備をつくっています。たとえば、河川の堤防や防潮堤、砂防ダムなどの建設やハザードマップの作成など、住民ができないことを行っています。こうした行政機関などによる備えを「公助」といいます。

２つは地域住民の助け合いです。「共助」といいます。災害の発生時に互いに助け合うことができるためには、日ごろから人と人とのつながりをつくっておく必要があります。言葉をかけ合うことのできる良好な関係をつくっていることがいざというときに生かされます。このことを平たくいえば、住民同士が日ごろから仲良くすることです。

地域の倉庫に非常食や日用品などを備蓄するという「物の備え」だけでは不十分です。「心の備蓄」も必要です。これが「共助」ということです。

３つは、私たち一人一人の備えです。「自分の身は自分で守る」という備えです。これを「自助」といいます。たとえば、災害発生時における非常持ち出し袋を自分の責任で備えておくことです。災害はいつ起こるかわかりませんから、時期に合わせて中身を見なおすことが大切です。夏には虫除けなども必要になります。冬にはカイロなどを入れておくとよいでしょう。

自然災害から、私たちの生命や財産を守るためには、公助と共助と自助の３つが不可欠です。これらのうち、自分の身は自分で守ること、すなわち自助が一番の基本になります。

終わりにひとこと。東日本大震災で大きな被害が出た釜石市では、小中学校の子どもたちの99.8％が助かりました。これを「釜石の奇跡」と表現した人もいます。なぜ「奇跡」が起こったのでしょうか。それは日ごろから学校を中心に、地震や津波に対する防災教育に取り組み、地震が起きて津波が来るときには、とにかく「逃げる」ということを第一に指導してきたからです。「率先避難者たれ」を合言葉に、津波のことが頭から離れないように、家庭でも学校でも地域でも徹底して指導してきたといいます。

自然災害の発生に対して日ごろから備えておきたいことは、「物の備え」と「人の備え」、そして「心の備え」の３つであることを申しあげました。

コラム

地名に込めた先人の警告

地名には、その地域の地形の状況が反映されていることがあります。川や海岸の近く、低地や湿地帯、谷間などの地域には、「水」に関わりのある川、池、浜、浦、津、谷、戸、田などの文字が使われていることがあります。これらの地域では、過去に豪雨による水害が発生したことが想像できます。海岸付近では、津波の被害を受けたことも考えられます。

龍、蛇といった、一見自然災害とは関係が無さそうな文字が使われている地域もあります。平成26年8月に大規模な土砂災害が発生し、被害の大きかった地域は広島市の「八木地区」といわれます。ここはかつて「蛇落地悪谷（じゃらくじあしだに）」といわれていたそうです。「蛇落地」とは蛇が地に落ちる様子をいい、「悪谷」とは危険な谷間をいうのでしょう。先人は、地名にいい表すことで、土砂災害が起こりうる場所であることを警告していたと受けとめることができます。その後、名前が「八木」と新しくなり、先人の警鐘や危険性が伝わらなくなったのでしょう。このことが被害の拡大を招いたのかもしれません。

全国には、大蛇伝説や龍神伝説が残されている地域もあります。たとえば秋田県五城目町には「蛇喰（じゃばみ）」といわれる地域があります。ここには、住み着いた大蛇が狭くなった湖をいやになって、大雨のとき暴れ出し、町を飲み込むほどの大きな洪水を引き起こしたという伝説が伝わっています。地域の人はこれを「蛇に食われた」といい、この地域を「蛇喰」といわれるようになりました。令和4年8月、この地域で河川が氾濫し、浸水した家屋が186棟に及ぶなど、大きな被害が出ました。

多くの場合、地名には地形の特徴をはじめ、先人の願いや警告が込められています。ところが、その地名が地域のイメージアップや町の再開発、行政による町名変更などによって、新しくなっているところもあります。そのため、先人の警告が伝わりにくくなっています。

自然災害発生のリスクを知るためには、現代の地名に隠された元の地名を古地図などで確認する作業が必要です。

3　私の「3．11」体験談

私が生まれたのは福井県です。昭和22年（1947年）11月に誕生しました。私は小さいころから地震の恐ろしさは耳に胼胝（たこ）ができるくらい、繰り返し教えられました。いまもすっかり刷り込まれています。少しの揺れにも敏感です。大きなトラックが通り過ぎるとき、橋や道路が揺れるだけでも反応します。

昭和23年6月28日の夕刻に福井地方で大きな地震がありました。最大震度6の直下型の地震でした。震源地は私の生まれた丸岡町（現在の坂井市丸岡町）の郊外でした。現在、そこには震源地だったことを示す石碑が置かれています。震度はのちに7とされました。「のちに」というのは、それまでは最大の震度は6だったそうです。福井震災で震度7が新たに設定されたと聞きました。

夕方でしたので、家々では夕食の準備で火を使っていたこともあり、戦後のバラックのような簡単な家はすべて倒壊し、すぐに火が回り、特に住宅が密集した地域はすっかり焼け野原になったといいます。この地震でわが家では、お祖父さんと父の姉の2人が亡くなりました。このときの地震による犠牲者は全体で3769人だったそうです。

私は生まれて半年しか経っていませんでしたので、まったく記憶がありません。ただ父母から、地震の話とその怖さを繰り返し聞かされ、いまもしっかり染みついています。

（1）体験ドキュメント

①　「3．11」―そのときどこに？

平成23年（2011年）3月11日午後2時46分に、三陸沖を震源地とするマグチニュード9.0の巨大な地震が発生しました。それに伴って大きな津波が発生し、東日本の太平洋沿岸に甚大な被害が出ました。死者は1万5900人、いまだ行方不明になっている方は2523人もいます（令和4年3月9日、警察庁まとめ）。犠牲になられた大勢の方々に心からご冥福をお祈りいたします。

ここでは、「3．11」に私が体験したことをドキュメント風に綴ってみました。これは、兵庫県南あわじ市立福良小学校で実施された学校と保護者と地域住民が連携した防災訓練の際に講演した内容です。補足して構成しました。

私の自宅のあるさいたま市浦和区は、震度が「５強」だったと、あとで知りました。自宅にいた家族から、これまでに経験したことのない揺れと恐さだったと聞きました。

私は前日から長崎県長与町立高田小学校（山下彦幸校長）に出張中でした。研究発表会にうかがっていたのです。現地で１泊し、地震のあった日には、山下先生と早めの昼食をとって長崎空港に向かいました。空港には１時すぎに着きましたが、いつもと何も変わりありません。当たり前です。いつものように飛行機に乗り込みました。仕事を終えてほっとしていました。

飛行機は長崎空港を午後２時40分に予定どおり離陸しましたから、地震が起こった２時46分には、羽田空港に向かっていた飛行機のなかにいたことになります。ＡＮＡ3738便とＳＮＡ（スカイネットアジア航空）との共同運行便で、搭乗したのはソラシドエアという会社の機材でした。羽田空港と宮崎、熊本、鹿児島、大分、長崎の各空港を結んでいます。羽田空港と九州の各空港以外には離陸・発着ができないようです。羽田空港着は午後４時15分の予定でした。

地震が起きたときには、陸地を離れていたために、激しい揺れを経験していません。ところが、その後、私にとって思いも寄らない数々の「貴重な体験」をすることになります。

このあと、私が自宅に帰るまでに体験したさまざまなことを順に紹介していきます。私の「３．11」体験談です。

②　伊勢湾上空で旋回―時間の調整か

長崎空港を定刻の午後２時40分に飛び立った飛行機は、その後順調に飛行を始めました。離陸してわずか数分後に、東北地方の太平洋沿岸で巨大地震が発生したことは知るよしもありません。周りの乗客も気づいていないようでした。当機の座席には、ラジオなどを聞くイヤホンがありませんでした。

ところが、飛び立って１時間ほどして、紀伊半島を通過したころです。飛行機が右に左に旋回しはじめたのです。場所は、周りの景色から伊勢湾の上空のようでした。当日は晴れわたり、中部国際空港（セントレア）が遠くに見えたように記憶しているからです。

私は「羽田空港が混雑していて、到着時刻を調整しているのだろう」ぐらいにしか思っていませんでした。これまでも羽田空港に着陸する飛行機が集中しているときには、伊豆諸島や房総半島などの上空で旋回することがあったからです。「羽田空港にはまだ距離があるのに、どうしてこの辺りで調整するのかな」と疑問をもつ程度で、それ以上のことは考えませんでした。

機長や客室乗務員からは、地震の発生に関して何のアナウンスもありませんでした。機長には地震発生の知らせが伝わっていたはずです。乗客に知らせると、騒ぎが起きたり、携帯電話などで通信したりすることを危惧したのでしょう。機長の判断というよりも、お客を不安にさせないための、マニュアルにもとづいた対処だったのかもしれません。

仮に知らせられても、乗客は何もすることができません。不安に駆られ、情報を入手しようと客室乗務員を問い詰めたり、携帯電話で通話したりする人が出てくるだけでしょう。

乗客は羽田空港に到着するまで、誰も地震の発生に気づいていないようでした。誰も話題にしていませんでしたから、機内はいつものように、落ちついた静かな雰囲気でした。

当機は、午後４時15分着の予定から30分ほど遅れての到着でした。とにかく、いつものように羽田空港に無事着陸したことにほっとしました。

③　羽田空港に着陸して―閑散とした雰囲気

羽田空港に着陸してまず感じたことは、駐機している飛行機がいつもより少なかったことです。広い敷地が閑散としていました。夕方近くですから、通常であれば、たくさんの飛行機が並んで駐機したり、飛び立つ準備をしたり、さらに次々と飛び立っていく光景が見えたはずです。

途中で旋回して時間を調整していたのは、羽田空港が混雑しているためだと勝手に思い込んでいた私にとって意外な光景でした。

羽田空港に向かっていた飛行機がそれぞれ出発した空港に戻ってしまったのか。あるいは他の空港に向かったのかもしれません。飛行機が少ないことにびっくりしました。私が乗ったソラシドエア機はすでに述べたように、羽田空港と九州の各空港とだけ結んでいるため、途中の空港に着陸することができなかったのかもしれません。もし中部国際空港などに着陸していれば、当日の私の行動は大きく変わったはずです。

飛行機は、建物に接続したローディング・ブリッジではなく、建物から離れた遠くのほうに停止しました。バスによる移動です。これまでも大手の航空会社でない場合にはよくあることでした。まだ地震のことは知りません。

バスのなかからは、千葉県市原市の方向に黒い煙がもくもくと上がっている様子が見えました。そこは京葉工業地域で、大きな石油化学工場が集まっているところです。「火災が起きたのかな」と思いましたが、この時点ではまだ地震と結びつける情報がありませんでした。

バスはまもなく第２ターミナルビルに到着しました。私はいつものように急いでモノレールの改札口に向かいました。そこで見たものは「運転休止」の知らせでした。それがどこかで地震が起こったためであることは、周囲の人の話からようやくわかりました。

周囲を見ると、人々の雰囲気がいつもとどこか違っていることには何となく気づいていましたが、「運転休止」が東北地方での巨大地震が起こった影響であることまではまだ気づいていませんでした。そのうちに運転再開されるだろうと、この時点では気軽に考えていました。

④　ロビーで見たもの―テレビに食い入る

羽田空港のロビーで立ちすくんでいると、そのうちモノレールが運転休止から「終日運休」することに変わったと知らされました。

ほかのルートで自宅に帰ることはできないかを必死に考えました。周りに目をやると、羽田空港駅から京急蒲田駅を経由して帰ることができる京急線も運休していました。主要なターミナル駅に向かっているリムジンバスもすべて運休しています。そして、ＪＲや地下鉄の各路線もすべて運休している旨の情報が知らされました。ここで改めて、都内と近県の鉄道やバスがすべてストップしていることに気づきました。

タクシー乗り場には長い行列ができていました。もちろんタクシーは１台もありませんでした。ましてここから自宅のある浦和まで歩いて帰ることなど考えもしませんでした。

あらゆる交通手段が遮断されていることを知るにつれて、自分のいる羽田空港が周囲から孤立していることに気づきました。自分でも、徐々に不安感と孤立感が増幅していくことがわかりました。相談できる相手は誰一人いないことは不安になるものです。

ロビーに改めて目をやると、大勢の人が荷物をもって椅子に座り込んでいることに気づきました。すでに床に新聞紙などを敷いて座り込んでいる人もいました。多くの人は意外にも落ちついている様子でした。動くこと、帰ることを諦めているようにも見えました。

羽田空港では、これまで手荷物を検査したあとに、飛行機に乗るまでのあいだ、テレビを視聴することがありました。しかし、手荷物検査のまえに、ロビーでテレビを視聴した経験はありませんでした。そのため、私にはどこにテレビがあるのか、その情報をもち合わせていませんでした。テレビのある場所は重要な情報だと実感しましたが、あとの祭りです。

午後６時ごろ、空港の係の人にテレビの置かれている場所を聞きました。床にビニールを敷いて座り込み、テレビの画面に見入りました。画面に映し出されたのは、仙台平野の海岸部の低地を右から左の方向に、すなわち太平洋側から白い波しぶきをあげながら、大きな波が生き物のように陸地をはい上がっていく光景でした。体が震えるのが自分でもわかりました。

ここではじめて、東北地方の太平洋岸で巨大な地震が起こり、それに伴って大きな津波が押し寄せたことを知りました。この事実を知ったのは、地震が発生してからかなり時間が経ってからでした。

⑤　家族に連絡がとれない―携帯電話がダメ

羽田空港から移動する手段がすべてないことを知ったとき、自宅に帰ることを諦めました。と同時に、このことを家族に連絡しなければなりません。携帯電話を何度もかけますが、そのたびに「不通知」です。何度かけてもつながりません。このようなときにこそ、使える携帯電話でありたいと痛感しました。そのうち、電源が無くなるのではないかと心配になってきました。どこで充電できるかなど知るよしもありませんでした。

「公衆電話はつながりやすい」ということを思い出し、公衆電話を探しました。

ところが、たびたび利用している空港ですが、どこに公衆電話があるかわかりません。これも情報不足です。係の人に聞きながら、ようやく探し出しました。そこには２台の緑色の公衆電話がありました。

いずれの電話も長蛇の列です。私は列の後ろに並びました。かなりの時間が経ってからようやく自分の番になりました。ところが、その電話にはコイン（10円玉）を入れるところがありませんでした。テレホンカードしか使用できない電話機だったのです。テレホンカードは非常時において必需品であることも思い知らされました。

隣にあるもう一つの電話機の列に並びなおしました。同じようにかなりの時間を辛抱強く待ちました。ようやく自分の番になりました。10円玉を入れるとすぐにつながりました。話を始めましたが、市外であるため10円玉が落ちていきます。次々に入れなければなりません。ついに手元の10円玉が無くなってしまいました。仕方なく、100円玉を入れました。その直後に話が終わりましたが、お釣りは出てきませんでした。100円玉は完全に使い終わらなくてもお釣りは戻ってこないようになっているのです。

便利な世の中ですが、緊急事態に遭遇したとき家族に連絡することは、意外にも難しいと実感しました。

⑥　毛布の配布―心が温まる

家族に連絡がとれたのでひと安心すると、急にお腹がすいてきました。時刻は午後７時を過ぎていました。その日は、長崎でお昼にチャンポン麺を食べただけでしたから、かなりの空腹でした。

パンか弁当でも買って食べようと、日ごろ利用している空港内のコンビニに向かいました。ところが、パンや弁当やおにぎりはおろか、お茶や水など飲料水はすべて売り切れていました。棚にはほとんど品物がありません。

「もう少し早く買えばよかった。行動するのが遅かった」と反省しました。非常事態のときには、食料と飲み物をいかに確保するか。危機管理の能力が問われることを実感しました。とっさの判断とすばやい行動が執れなかったことを後悔しました。

ロビー内にあるレストランのまえの通路にわずかな空間を見つけて、新聞紙を敷いて座り込みました。格好は出張したときのままです。

午後11時ごろ、構内に放送が流れました。「毛布を用意したので、ロビーの中央部分で配布する」というものでした。こうした緊急時に備えて、空港には毛布が用意されていることをはじめて知りました。コンクリートの床は冷たく固かったので、私も毛布を借りようと、列に並びました。すでにかなりの人たちが並んでいました。私のところまで来るだろうかと不安でした。

配布に当たって、係の人が「子ども連れの人、高齢者、女性の方を優先的に配布する」と伝えました。これは、配布した人の判断によるものというより、配布に当たって定められているマニュアルによるものだろうかと思いました。配り方にも配慮が見られ、「さすがだな」と感心しました。毛布は大量に用意されていて、希望者には行きわたったようでした。

毛布はかさばらないように、圧縮されたビニール袋に入っていました。袋を破くと、空気でふんわりした毛布に生まれ変わりました。

毛布の数にはかなりの余裕がありました。羽田空港には、災害や事故などが発生して空港の利用者が帰宅困難になったときのために、相当の数の毛布を備蓄していることをはじめて知りました。

⑦　ロビーでの一夜―熟睡はできず

その日の夜は3月の上旬とはいえ、かなり冷え込みました。建物の外は寒かったと聞きましたが、空港のなかは暖房が入ったままでしたので、それほど寒さは感じませんでした。ビル管理者の配慮だったのかもしれません。毛布を頂いたお陰で、毛布を被って横になりました。

革靴は脱ぎましたが、そのほかの服装はそのままです。寒さを凌ぐためにネクタイもしたままでした。ネクタイには首筋を寒さから守る役割があることに気づきました。持参していた鞄を枕にしました。同じような人たちが同じフロアーのあちこちで見られました。

こうした風景は、これまでにテレビで見たことがありましたが、まさか自分がコンクリートの上でひと晩寝るとは思ってもみませんでした。

終夜、周囲を人が行き交っていました。防犯と安全上の配慮から電灯はつけたままでした。ときどき警備の方がビルのなかを見回っている姿をみることがありました。一部の外国では、異常時に食料を得るため、商店を襲うことがあると聞いたことがあります。このとき、ビルのなかでは、不穏な動きや空気はまったくありませんでした。

たまたま横になったところが、エスカレーターの近くでした。そのため、乗降者に対して乗り降りの際の注意を喚起するアナウンスがひと晩中鳴りつづけていました。何度も目が覚めました。そのたびに、音声のスイッチを切ってくれればいいのにと思いました。

こうした環境でしたから、決して熟睡できる状況ではありませんでした。眠りは浅く、朝までにたびたび目を覚ましました。

⑧　翌朝―モノレール運行

翌日（12日）は、午前５時過ぎ、大勢の人たちがモノレールの改札口に急ぐ人の足音で目が覚めました。お借りした毛布をたたんで、すでに積まれているところに持っていきました。毛布はいずれも、お礼の気持ちを表するかのようにきちんとたたまれて、きれいに積まれていました。利用者の感謝の気持ちが伝わってきました。

モノレールの「羽田空港第２ビル駅」の改札口に行くと、「正常運行」の掲示がありました。とりあえずほっとしました。このとき、山の手線や京浜東北線などＪＲ線はまだ運休の状態でした。私は、まず浜松町駅まで行き、少しでも自宅に近づこうと思いました。長蛇の列の後ろに並びました。

始発の電車は５時11分。並んだときにはすでに出発した後でした。次は５時21分です。改札が始まりました。200人位の乗客が入ったところで係員からストップがかかりました。私まであと少しでした。「おかしいな。もっと乗れるはずなのに」と思いました。

次の32分発の改札がはじまりました。やはり200人程度がホームに誘導されました。ホームでは、係員から浜松町駅に向かって後方の２両に乗るよう指示されました。前方の４両は空いたままです。このことの意味は、次の「羽田空港第１ビル駅」に到着したときにわかりました。そこでは、私が乗っている車両に誰一人乗車してきませんでした。次の駅では乗客を３・４両目に乗せたのです。そして、次の「国際線ビル駅」では１・２両目に乗客を乗せました。

これは素晴らしいマニュアルだと思いました。混乱させることなく、また平等に乗車の機会を設けているからです。もし始発の駅で満員の状態にしてしまうと、当然次の駅からは乗車できません。後で知ったことですが、３つの空港ビルにはそれぞれ１万人がひと晩過ごしたということでした。

モノレールのなかでは立ったままでした。冷や汗が出てきて体に異常を感じましたので、床にしゃがみ込みました。思えば前日のお昼から飲まず食わずだったのです。

⑨　ＪＲ浜松町駅―その先は

モノレールの浜松町駅に到着したのは、およそ25分後の６時過ぎでした。いつもはＪＲの山手線や京浜東北線に乗り換えましたが、この日はまだ運行していませんでしたので、浜松町駅からどう移動するかが問題でした。最初からしっかりした計画と見通しがあったわけではありません。

浜松町駅から、歩いて５～６分のところにある地下鉄の都営浅草線「大門駅」に行くことにしました。浅草駅を経由して上野駅まで行くことができると考えたからです。大門駅は大勢の乗客でごった返していました。駅員が整理していましたが、とても乗車できる状況ではありませんでした。

駅の構内でジュースの自動販売機が目に入りました。野菜ジュースを買い、飲み干しました。すると、自分でもわかるくらい元気が出てきました。水分と栄養が補給されたからでしょうか。心にもゆとりが出てきました。案内板を見て、大門駅には都営大江戸線も通っていることに気づいたのです。このことにもし気づかなければ、違った問題解決の仕方をしたかもしれません。

大江戸線に乗って、次の「麻布十番駅」で降り、地下鉄南北線に乗り換えれば、埼玉高速鉄道に乗り入れていますから、いつかは「浦和美園駅」まで行くことができると思いました。最悪の場合でも、南北線の終点である「赤羽岩淵駅」までは行くことができます。赤羽岩淵駅は埼玉県との県境近くにありますから、自宅までタクシーを利用することもできます。

どの駅も人、人、人の波でした。それぞれの人がそれぞれの方法や手段を考えながら、それぞれの目的地に向かっているんだなと思いました。

家への帰り方をあれこれ考えながら、日ごろから鉄道の路線図を頭に入れておくこと、その際、乗り換え駅が重要なポイントになること、そして何より非常時には安全を第一に、冷静な判断と落ちついた行動が求められることなどいろんなことを考えました。

⑩　ようやく自宅に到着

地下鉄南北線の「麻布十番駅」から埼玉高速鉄道線の「浦和美園駅」に着いたのは、午前9時半ごろだったように思います。

浦和美園駅からはタクシーで帰ろうと考えていました。ところが、駅前のタクシー乗り場は待つ人で長蛇の列でした。この駅に来たのははじめてでした。駅の周囲はまだ空き地が多く、近くにはサッカーで知られている埼玉スタジアムがあります。

駅前の構内を見渡すと、路線バスの案内板がありました。「浦和駅行き」のバスが出ていることを知り、その列に並びました。そのとき、昨夜羽田空港でお借りした毛布を体にまとっている人がバス停に並んでいるのが見えました。寒い日でしたから、そのまま持参してきたのでしょう。私と同じルートでここまで来たのだろうかと思いました。

前日、長崎でお世話になった山下先生から、携帯に電話が入りました。無事に自宅の近くまで帰ってきたことを簡潔に伝えました。昨日から心配して何度も連絡したが、つながらなかったといっていました。携帯電話は非常時に役に立たないのでしょうか。非常時こそ確実につながるようにしてほしいと改めて思いました。

バスは満員でした。この路線のバスに乗るのははじめてでした。自宅に無事着いたのは、お昼前の11時ごろ。思っていたよりも早く着きました。

家族からは地震が発生したときの恐怖を聞きましたが、そのときの揺れを経験していない私にはどうしても実感できません。むしろ昨日からの長い1日の方がよみがえってきます。

その後、テレビを見たり新聞を読んだりして、巨大地震とそれに伴う津波の被害の大きさを知りました。わが家は戸棚から地球儀や図書が落ちた程度で、大きな被害はありませんでした。

（2）体験から学んだこと

①　日ごろの心がまえ

わが国は山がちな国土であり、地震国、火山国です。海底で大地震が起こると、津波を引き起こすことがあります。大雨が降ると、各地で土砂崩れが起こります。私たちは自然災害だけでなく、事故や事件に巻き込まれることもあります。いつ、どこで、どのような災害や事故に遭遇するかわかりません。

自然災害から身を守るためには、日ごろから気象情報を収集する能力や前兆現象などから危険を予知したり予測したりする能力、そして危険から回避する能力を身につけることが大切だと思います。これは日ごろの心がまえです。

今回体験したことから学んだことは、災害や事件・事故など危機的な場面に遭遇すると、どうしてもパニックを起こしがちです。心が動揺し、それが悪い行動を引き起こします。危機的な場面では、決して慌てないこと、デマやうわさに左右されないこと、正確な情報を収集すること、そしてそれにもとづいて適切に判断し、冷静に行動することです。

これまでは、羽田空港から帰宅することができなくなることなど、まったく考えていませんでした。しかし、よく考えてみると、その可能性はゼロではありません。地震のほかにも、風水害が発生したり交通手段に問題が起こったりすれば、いつものように帰宅できなくなることは十分予測できます。

何かが起こるのが社会であり、人生だと捉えていたほうがよいのかもしれません。「有事人生（事有るが人生）」です。もしものときのために備えることの大切さのことを昔から「備えあれば憂いなし」といわれてきました。「備え」は物質的なものだけでなく、心にも時間にも必要です。

②　問題解決能力の必要性

「3．11」に、私はさまざまな問題場面に遭遇しました。食べ物を買おうとコンビニに行きましたが、すでに売り切れていて何も手に入れることができなかったのは、問題解決ができなかった場面です。羽田空港第２ビルでは、乗客の誘導の仕方から優れた問題解決の方法を知りました。浜松町駅で乗車する地下鉄線を選択しなおしたのはよい判断でした。

問題場面では、「問題解決能力」が求められることを学びました。具体的には、正確な情報を多面的に収集し、何が問題になっているのかを把握する能力（問題発見力）、既有の知識や経験などを生かして問題解決の方法を決定する能力（解決方法の企画力と選択力）、そして、自分で問題解決する能力（自力解決力）です。これらは問題解決のプロセスで求められる能力であり、多くの場合「思考力と判断力」が一体に発揮されます。

また、行動しつつ、それでよかったのかを検証・評価しながら、もっとよい方法はないのかを考え、次の行動をとっています。まさに、行動と評価は一体です。評価結果は次の行動に生かされます。

いま学校では、基礎的な知識や技能を習得させ、それらを活用して課題を解決するために必要な思考力、判断力、表現力などの能力をはぐくむことを目指して授業改善が行われています。

こうした学習をとおして身につく問題解決能力は、単に学習レベルで必要とされるだけではありません。日常生活や社会生活において非常事態などに遭遇したときに必要となる重要な能力でもあります。このことを今回の「3．11」の体験をとおして改めて実感しました。

津波などの被害を受けた被災地においても、新しい街づくりに向けて、多くの人たちの英知を結集して問題解決能力が発揮されています。困難な課題を一つ一つ解決しています。よりよい街づくりは問題解決の連続です。

人生においてもさまざまな問題に遭遇します。人生は問題解決の連続であり、問題解決能力は「生きる力」の中核です。

4　土砂災害・砂防に関する教育との関わり

私は土砂災害の専門家ではありません。砂防のことを専門的に深く理解しているわけでもありません。「さぼう（砂防）」―このコトバをはじめて耳にしたのは、わずか20数年まえですから、それほど古くありません。砂防に接したのは教育の立場からでした。

ここでは、土砂災害や砂防との関わりを時系列でたどってみます。

（1）「砂防」との出会い

「砂防」というコトバにはじめて出会ったのは、平成10年（1998年）のことです。それほど昔のことではありません。当時の立場は文部省（現文部科学省）初等中等教育局の教科調査官でした。

最初の関わりは、建設省（現在の国土交通省）北陸地方建設局（現在の北陸地方整備局）の立山砂防工事事務所（現在は立山砂防事務所）が企画し、砂防広報センター（現在は土砂災害防止広報センター）が制作した、ＣＤ－ＲＯＭ教材「日本一の急流河川常願寺川ウォッチング」（児童向け）と教師向けの「活用の手引き」の作成でした。

当時、立山砂防工事事務所の所長は森山裕二さんでした。富山の水上義行先生（当時、大島町立大島小学校校長）をはじめ、郷土研究家や教育事務所の先生と一緒にチームをつくりました。会議は毎回富山市内で開催されました。完成した教材は、数年にわたって富山県内の４年生に配布されました。

常願寺川が大規模な土砂災害を起こしたのは、江戸時代の終わりごろ（安政５年）です。それ以降も、常願寺川との戦いはつづき、洪水を防ぐ治水工事と土砂流出を防ぐ砂防工事が行われてきました。立山カルデラが崩落し、大雨が降ると、大量の土砂が下流に押し寄せたのです。そこで、常願寺川の上流に砂防ダムが次々につくられ、下流域の人々の生命と財産を守ってきました。常願寺川はオランダ人のデ・レーケが「日本の川は滝だ」といったとされることで知られている流れの速い川です。（最近研究が進み、「滝だ」といったのは、デ・レーケではないのではないかという見解も聞かれます。）

本教材はこれらのことを富山の子どもたちに学ばせたいとの願いから企画されました。教材では、常願寺川の位置を確認したあと、安政の大洪水で大きな被害を受けたことを知らせました。そのあと、「常願寺川の特色」「砂防工事が行われるようになった経緯と人々の努力」「川のめぐみ（川と産業の関わり）」「川にまつわる伝説や信仰」の４つの項目から構成しました。ここでは、子どもたちが選択しながら学んでいくように構成されています。

さらに、立山カルデラを「砂防工事とそこで働く人々」と「立山カルデラの地形の特色」の２つの視点から調べるようになっています。ここでは、子どもたちが身近に理解できるよう、画面上で自動車とヘリコプターに乗って調べるという２つの疑似体験を取り入れました。

本教材を活用した先生からは「常願寺川がもつ教材としての価値を系統的に扱っていることから、教師の立場として、教材研究にとても役立った。子供たちにとっては、一人学習の課題をもつ時や追究の過程で必要な情報を選択し、瞬時にそれを共有できた」といった感想が寄せられました。

富山の先生方と取り組んだ教材作成は、私が砂防について基礎的な知識を得るはじめての機会になりました。本教材は、現在もなお県の教材データベースに登録され、貸し出しが行われていると聞きました。

その後、立山カルデラ砂防博物館と立山カルデラの現地を実際に訪ねる機会がありました。訪問した時期はまもなく工事が積雪で中断される直前でした。カルデラのなかで砂防工事を進めている人たちに接して、砂防事業は住民の命と財産を守る重要な事業であることを改めて実感しました。山の急斜面を上っていくトロッコに乗車した体験も忘れられません。

（2）小学生インタープリベント2002での講評

平成14年（2002年）10月に、長野県松本市で松本砂防工事事務所（現在の松本砂防事務所）主催の「小学生インタープリベント2002」が松本文化会館で開催されました。この会場で本事務所管内の小学校が砂防を中心に取り組んだ防災教育や体験学習の実践報告があり、それに対して総評する機会がありました。このときには、砂防に関する国際会議も同時に開催され、「ＳＡＢＯ」が国際語になっていることを知りました。

参加した８つ（長野県下７校と新潟県下１校）の小学校は「地域の川の自然と災害・防災」を共通課題に、各小学校がそれぞれに切り口を設定し、主として総合的な学習の時間を使って取り組みました。その成果を発表したものです。主な発表校とテーマは次のとおりです。

- 長野県大町町立大町西小学校「ダムと自然と環境と」
- 新潟県糸魚川市立大野小学校「見てみよう　ふるさとの川」
- 長野県奈川村立奈川小学校「奈川村を守る（昭和58年災害）」
- 長野県小谷村立南小谷小学校「小谷村の災害の実際と災害を防ぐために」
- 長野県白馬村立白馬北小学校「白馬村の砂防―スノーレッツと学ぶ私たちの村」など

各小学校が当日の発表までに取り組んだ模様については、「小学生インタープリベント2002ニュース―川と自然と防災学習」として、経緯が広報されました。このニュースレターは、発表の当日に砂防に関する国際会議が開催されることを見越して、日本語のほかに英文でも作成されました。発表日までに５号が発行されました。私は実践校の取り組みにコメントを寄せました。当日の発表会の模様は「小学生インタープリベント2002」の「記録集」としてまとめられ、ニュース（NO.6）として発行されました。

（３）その後の砂防との関わり

砂防との関わりはその後、砂防広報センターからの依頼で、児童向けの砂防副読本『ふるさと安全たんけんたい―自然災害とわたしたちのくらし―』と、その指導用手引き書の監修に携わりました。これは小学校高学年を対象に、総合的な学習の時間の教材として提供したものです。

こうした経験もあり、平成18年（2006年）に財団法人砂防・地すべり技術センター主催の「土砂災害警戒避難に関わる前兆現象情報検討会」の委員を、また、平成20年（2008年）に国土交通省砂防部主催の「小中学校における土砂災害防止教育に関する懇談会」の委員を勤めました。この間には、国土交通省砂防部の「土砂災害防止教育支援ガイドライン～小中学校における土砂災害防止教育に対する支援のあり方～」の資料作成に関与しました。

平成22～28年度には、筑波大学で環境防災学を講師として、平成26～30

年度には、北海道大学で国土保全学を非常勤講師として担当しました。主に大学院生や地域の関係者に、学校における自然災害防止教育の考え方や指導の実際について講義しました。

砂防をきっかけに防災教育に深く関わるようになり、栃木県、岐阜県、兵庫県、大分県、長野県下伊那郡、仙台市など各地で防災教育の研修会で講演したり、シンポジストとして出席したりする機会が増えてきました。特に「防災教育に関する先導的実践研究」に取り組んだ、兵庫県南あわじ市立福良小学校にはたびたびうかがう機会がありました。

(4) 学習指導要領との関わり―「自然災害」に関する記述の変遷

私は小学校社会科の学習指導要領の改訂及びその『指導書』や『解説』の作成作業に関わってきました。平成元年版は東京都教育委員会指導主事として、平成10年版は作成の当事者(文部省の教科調査官)として、平成20年版と平成29年版は大学での研究者の立場から関わりました。

これまでの経験や知識をもとに、「自然災害」に焦点を当てて、学習指導要領(小学校社会科)の改訂の経緯についてまとめてみました。

① 平成元年版学習指導要領

平成元年版の学習指導要領には、4年の内容として「火災、交通事故、盗難などの災害や事故から人々の安全を守る」ことについて示されましたが、自然災害については示されませんでした。

5年の内容として、「国土の保全や水資源の涵養などのために森林資源が大切であること」が新たに盛り込まれました。学校では「森林資源の働き」が学習され、そのなかに「森林には土砂くずれを防ぐ役割があること」が扱われるようになりました。これを受けて、教科書には、森林の働きとして、山崩れや雪害などの災害を防ぐ。木材を生み出す。空気をきれいにする。水を蓄えるなど多様な機能を表したイラスト資料が掲載されました。これは森林資源の働きを理解するうえで重要な資料でした。

5年の内容に、わが国の国土について、「自然災害」の文言が示されましたが、当時の『指導書』(現在の『解説』にあたります)に「我が国の国土の約3分の

２を占めている森林は（中略）洪水や山崩れなどの災害を防止する働きがある」と、森林資源の働きと自然災害の防止を関連づけて解説されました。

そのためかどうかわかりませんが、子どもたちは森林資源のもつ多様な機能を表したイラスト資料から、「森林には重要な働きがたくさんあるので、木を伐採することは良いことではない」とか「森林があれば土砂崩れを防ぐことができる」といった一面的な見方や認識をする子どもがいました。

②　平成10年版学習指導要領

平成10年版の学習指導要領では、３・４年の内容として「地域社会における災害や事故から人々の安全を守る工夫」が示され、「内容の取扱い」では、「災害」について「火災、風水害、地震などの中から選択」すると示されました。『解説』で「一つを選択して取り上げる」と規定されましたから、学校や教科書では子どもたちにとってより身近な「火災」が取り上げられ、風水害や地震など自然災害を扱われることはありませんでした。

火災、風水害、地震など選択の対象には「人災（火災）と天災（自然災害）」が混在しており、これらのなかから１つを選択することにそもそも問題がありました。

６年の「地方公共団体や国の政治の働き」に関して、事例として、身近な公共施設の建設、地域の開発、災害復旧の取り組みなどが例示されました。ただここでもこれらのなかから「選択する」とされたことから、学校や教科書では「公共施設の建設」が選択され、教材化されたことから、災害復旧の取り組みを取り上げた実践はみられませんでした。

国土交通省が実施している土砂災害のポスターや作文コンクールの審査を行っている亀江幸二氏（砂防フロンティア整備推進機構理事長）から、「作文を審査していると、『土砂災害を防ぐには木を山に植えることが大切だ』と書いている子どもがじつに多い。このことが『山に木が植えてあれば安心だ』という考えに結びついているのではないか」という指摘を受けました。

森林資源の働きに関する学習で、こうした課題や指摘があることに気づいたのは、先に紹介した富山の先生方と子ども向けの砂防教材を作成したあとでした。平成10年版の学習指導要領と『解説』（このときから従来の『指導書』を『解説』と名称を変えました）の内容はすでに公表されていました。そのため、平成10年版でも「国土の保全や水資源の涵養のための森林資源の働き」については、それまでと同様な文言が引き続き示されました。

このような課題や情報をもう少し早く入手していれば、また変わったかもしれません。

③　平成20年版学習指導要領

平成20年版の学習指導要領では、３・４年の「災害」について『解説』のなかで、火災、風水害、地震のほかの事例として、がけ崩れや土石流、火山の噴火、津波などの災害が例示されました。『解説』に自然災害の事例が列記されたことは画期的でした。ただ従来どおり「一つを選択する」と示されていたことから、学校現場では「火災」を取り上げて指導されました。

５年では、従来の「国土の保全などのための森林資源の働き」に加えて「自然災害の防止」が付け加えられました。『解説』では、「自然災害の防止」に関して、「わが国の国土では地震や津波、風水害、土砂災害、雪害などの様々な自然災害が起こりやすいこと、その被害を防止するために国や県（都、道、府）などが様々な対策や事業を進めていること」を調べることが示されました。また、地震や津波、火山活動、台風や長雨による水害や土砂崩れ、雪害などの被害の様子、国や県などが進めてきた砂防ダムや堤防などの整備、ハザードマップの作成などの対策や事業を取り上げることが具体的に示されました。

かねてから課題になっていた森林資源のもつ保水力の限界性について、『解説』のなかで、「森林による自然災害の防止には限界があることについても触れるようにする」と、限度を超えた降雨になると、山が崩れ、土砂災害が起こる可能性があることに触れるよう留意事項が示されました。

５年の社会科では、国土全体に目を向け、国土理解を深めさせることを主要なねらいにしています。にもかかわらず、多くの学校では子どもたちの住んでいる身近な地域で発生した自然災害を取り上げる傾向がみられました。

６年の「地方公共団体や国の政治の働き」に関して、『解説』では「災害復旧の取組」について「風水害、地震や津波、土砂災害、噴火などの災害に対する国や地方公共団体の救援活動や災害復旧の工事など」を取り上げることが考えられると示されました。しかし、従来どおり選択的な扱いになっていることから、「災害復旧の取組」を教材として取り上げる学校はありませんでした。選択教材として東日本大震災を事例に、地震からの復旧・復興を取り上げた教科書がありました。

④　平成29年版学習指導要領

平成29年版の学習指導要領では、これまで中学年の学習の事例として示されてきた「火災、風水害、地震」が、３年で火災を、４年で風水害や地震などの自然災害を取り上げるように分割されました。これまで人災と天災が入り交じったなかでの選択に無理があったからです。４年は自分たちの住んでいる都道府県を対象に学習することから、自然災害の事例を県内から選定することになります。５年での自然災害の事例は国土全体が対象の範囲になります。４年と５年の違いと棲み分けが明確にされたといえます。

４年の地域にみられる「自然災害」について、学習指導要領で「地震災害、津波災害、風水害、火山災害、雪害などの中から、過去に県内で発生したものを選択して取り上げる」と示されています。このうち、風水害とは「豪雨、洪水、崖崩れや土石流などの土砂災害、突風や竜巻などによる災害」であると、『解説』で具体的に述べられています。

これを受けて、『解説』で、風水害を取り上げる場合には、「国や県の働きや近隣の市の協力により、崖崩れによる災害の防止や砂防ダムの建設、河川の改修、水防倉庫の設置、避難場所の確保など、風水害を未然に防ぐ努力をしていることや、避難訓練の実施、地域の消防団による危険箇所の見回りや点検など、地域の住民が風水害防止に協力していることを取り上げることが考えられる」と、具体的に解説されています。

⑤　充実してきた自然災害に関する記述とその扱い

このようにみてくると、平成元年版の学習指導要領以降、学習指導要領やその『解説』等において、自然災害に関する記述が徐々に充実してきたことがわかります。背景には、近年の地球の気候変動によって地球規模でさまざまな自然災害が多発していることや、わが国においてさまざまな自然災害による犠牲者や被害者が増えていること、自然災害や防災に対する国民の関心と意識が高まってきたことなどがあげられます。

現行の小学校社会科の学習指導要領（平成29年版）における自然災害に関する事項を改めて学年ごとにみてみると、その系統を次のように整理することができます。

- ３年では、身近な災害である「火災」を取り上げて、発生時における対処と発生への備え（予防）について学ぶ。(災害に対する基本となる学習)
- ４年では、「県内の自然災害」を事例として取り上げ、過去における災害発生時の対処と今後想定される災害への備えを学ぶ。(３年の内容を踏まえた地域の自然災害を取り上げた学習)
- ５年では、自然災害は国土の自然環境と関連して発生していることや、自然災害から国土を保全し国民生活を守るために国や県などがさまざまな対策や事業を進めていることを学ぶ。(国土全体に目を向け、国土保全の観点から国土の自然災害を取り上げた学習)
- ６年では、政治の働きを学習する際に、「自然災害からの復旧や復興」を事例として選択することができる。(自然災害を事例にした政治学習)

学習指導要領のうえでは、各学年にわたって防災や安全に関する学習ができるようになっていることがわかります。

コラム

地域の災害リスクの理解

自然災害から「自らの命を自らが守る」意識をもつためには、地域でどのような自然災害が起こりうるか。地域の災害リスクを理解することが重要です。このことは、これまでもあらゆる報告で指摘されてきました。

では、地域の災害リスクをどのように理解したらよいのでしょうか。これには次のようなさまざまな方法があります。

まずは、これまでにどのような自然災害が、地域のどこで発生したのかを知ることです。たとえば、地域の高齢者や災害の専門家から話を聞きます。博物館や郷土資料館などを訪ねて、過去の災害の歴史を知る方法もあります。過去に大きな自然災害が発生した場所には、伝承碑や記念碑、モニュメントなどが置かれていることもあります。また、地名をみると、その地域の地形の様子や過去に発生した災害がわかります。地名には、先人のメッセージや警告が込められていることがあります。

これらの情報から、地域で起こりうる自然災害を知ることができますから、それらに備えることが可能になります。

次は、地域の地形に注目することです。山地が住宅地に迫っているところでは、がけ崩れや地すべりなどの土砂災害が、河川の近くや下流域では水害が、土地の低い海岸地域では津波や高潮が、それぞれ発生する可能性があります。川が山間地から平地に流れ出すところでは、土砂崩れや土石流などが起こることがあります。付近に活火山がある場合には、火山の噴火の可能性があります。地形と自然災害とは深い関連があり、地形を知ることは身を守ることにつながります。

また、市役所などが作成した地域のハザードマップには、付近の河川が氾濫したり、津波が押し寄せてきたりしたときの浸水想定地域など、想定される被害の程度や範囲が示されています。これをみると、自分の住んでいるところの災害リスクを知ることができます。

地域の災害リスクを理解することは、身を守る「はじめの一歩」です。

あとがき

本書の原稿を執筆しながら考えつづけたことがあります。それは「自然災害の防止」とか「自然災害を防ぐ」といういい方です。防止とは文字どおり防ぎ止めることです。防ぐとは被害を受けないように、くい止めることです。

台風や豪雨、地震や津波、豪雪などを自然災害ということがありますが、正しくはこれらの自然現象がもたらす被害のことです。生命や身体や財産が被害を受けていない状況では、自然災害が発生したとはいえません。

私たち人間の力では、気象や地象が引き起こす自然現象そのものが起きないようにすることはできません。その意味で、人間は自然に対してきわめて弱い立場にあります。しかし、これらの自然現象が起きたとき、かけがえのない生命や身体や家屋・田畑などの財産が被害を受けないように、また最小限にとどめるために、事前に備えることはできます。

いかなる自然の驚異に対しても、ハードとソフトの面から備えることが重要です。堤防の強靱化、土砂崩れや土石流対策、海岸の防潮堤のかさあげなどハード面の備えは、被害の状況を想定して主に行政機関によって行われています。費用と時間と労力をかけることによってある程度の対応や予防や減災は可能です。ただ万全に整備されたハード面においても、想定を超えた自然現象が起こると、被害を受けることをつねに念頭に入れておく必要があります。

地震に強い家は、揺れない家ではなく、緩やかに揺れるそうです。水害の多い地域ではあらかじめ土をかさあげして建てています。雪国では雪や寒さを貴重な資源として利用しています。火山のもたらす温泉を恵みとして生かしています。雨が大量に降ったときには、一気に流さず、ダム湖や遊水池に一旦貯めています。私たちには自然と共存してきた歴史があります。人間が自然に戦いを挑んでも、勝負にならないことを知っているからです。

自然災害から住民を守るネックは、住民一人一人の当事者意識（自助意識）にあるといいます。これは地域（コミュニティー）の共同体意識（共助意識）にもつながります。こうした意識の醸成は子どものころから養われるものであり、ここに学校教育が担う重要な役割があります。自然災害防止教育はソフト面からの防災対策であり、自分（たち）の命は自分（たち）で守るための教育です。一人一人に自らの「生き方」を考えさせ、「生きる力」をはぐくむ教育でもあります。

＊　　＊

学校は、教育施設であるとともに、災害の発生時には地域住民の避難場所になっています。その意味で、災害発生時においても安全で安心できる場所であることが求められます。学校建築の耐震化工事はほぼ100％実現されています。備蓄用品も充実されています。一定の防災対策が進められてきたといえます。

気になるデータが公表されています。文部科学省は「学校施設の水害・土砂災害対策事例集」を作成しました。これによると、全国の公立学校のうち、洪水や雨水出水、高潮などで被害のおそれのある浸水想定区域に立地し、要配慮者利用施設として位置づけられている学校は、約２割（7476校）です。また、地すべり、土石流、がけ崩れ（急傾斜地の崩壊）が起こりやすい土砂災害警戒区域に立地し、要配慮者利用施設として位置づけられている学校は、約１割（4192校）だったといいます。これらのデータから、水害や土砂災害の起こりやすい地域に立地している学校は全体の約３割にものぼっています。

学校をすぐに移転させることはできませんが、建物全体の床を地面から高くする。逆に校庭や中庭を掘り下げて低くして、建物の水没を防ぐ。校庭に雨水を貯水する機能をもたせるなどの工夫が考えられます。すでに実施している自治体もあります。地震や津波対策とともに、水害や土砂災害から学校を守る対策が求められます。

＊　　＊

私ごとになりますが、自然災害のうち、特に土砂災害や砂防との関わりを語るとき、ぜひふれておきたいことがあります。それは、令和３年に偶然にも３つの賞を受賞したことです。

第１は、一般社団法人全国治水砂防協会から「赤木賞」をいただいたことです（令和３年２日25日付）。教育の専門家の立場から砂防分野における防災教育の推進に尽力し、教育の実践を通じて土砂災害の防止に貢献したこと、また土砂災害の実態を深く理解し防災教育に関する学習指導要領の改訂に貢献したことなどが受賞の主な理由でした。本賞は、赤木正雄顕彰制度にもとづくものです。赤木正雄氏はわが国において砂防事業に尽力した先達です。「砂防の父」といわれています。

第２は、土砂災害防止功労者として国土交通大臣からの「表彰」です（令和３年８日30日付）。これは、砂防分野における防災教育の推進と発展に業績をあげ、土砂災害防止思想の普及に貢献したという趣旨でした。

第３は、防災功労者として内閣総理大臣からの「表彰」です（令和３年９月１日付）。これは、学校教育において土砂災害防止に関する防災教育の推進と発展に業績をあげ、防災意識の普及啓発に貢献したという趣旨でした。

令和３年度には、砂防教育支援研究会のメンバーとして『砂防教育支援事例集』の作成に携わりました。（一財）砂防フロンティア整備推進機構理事長の亀江幸二氏からのお声がけによるものです。本事例集は、小中学校で「出前授業」を実施している国や県の砂防担当機関や砂防ボランティア団体を対象に実施したアンケート調査の結果や「出前授業」の実際を事例としてまとめたものです。

筆者と防災教育、自然災害防止教育、砂防教育との関わりは、学校教育から関係機関や地域社会に広がっていきました。今後も、さらに力を尽くしたいと心を新たにしたところです。

＊　　＊

本書の執筆中にも、小笠原諸島の海底火山「福徳岡ノ場」から噴火した噴石（軽石）が沖縄県をはじめ各地に流れ着いたことがニュースになりました。福島県沖では、震度６強の地震が起こり、各地に被害が出ました。

自然災害は「天災」だとされていますが、事前にできる対策や予防を怠ると「人災」になります。それはハード、ソフトの両面にいえることです。「災害は忘れたころにやって来る」といいます。「喉元過ぎれば熱さ忘れる」ともいいます。いつ、どこで、どのような自然災害に遭遇するかわからないという、未知数をつねに意識しながら生きていくことが求められます。

終わりになりましたが、本書は出版環境の厳しいなか、株式会社文溪堂社長水谷泰三氏のお力添えで出版することができました。この場を借りて、心から感謝とお礼を申しあげます。また、今回も原稿の執筆に当たって、よき環境を整えてくれた、妻の淑恵さんに心から感謝の意を表します。

北　俊夫

著者紹介
北　俊夫（きた　としお）

福井県に生まれる。

東京都公立小学校教員、東京都教育委員会指導主事、文部省（現文部科学省）初等中等教育局教科調査官、岐阜大学教授、国士舘大学教授を経て、現在、一般財団法人総合初等教育研究所参与及び学校教育アドバイザーとして講演や執筆活動を行っている。特定非営利活動法人防災情報研究所理事を務める。また、リーフレット『教育の小径』を文溪堂から毎月発行している。

近著に『トイレ四方山ばなし』（文芸社）、『社会科が好きになる授業づくり入門』『保護者と語りたい子育て話材50』『「なぜ」で読み解く社会科授業のヒント』『「ものの見方・考え方」とは何か』（以上、文溪堂）、『あなたの社会科授業は間違っていませんか』『「主体的・対話的で深い学び」を実現する社会科授業づくり』『思考力、判断力、表現力を鍛える新社会科の指導と評価』（以上、明治図書）など多数ある。

自然災害防止教育と学校の役割

2023年1月　第1刷発行

著　者　北　　俊夫

発行者　水谷　泰三

発行所　株式会社**文溪堂**

［東京本社］東京都文京区大塚3-16-12　〒112-8635
TEL 03-5976-1311（代）
［岐阜本社］岐阜県羽島市江吉良町江中7-1　〒501-6297
TEL 058-398-1111（代）
［大阪支社］大阪府東大阪市今米2-7-24　〒578-0903
TEL 072-966-2111（代）
ぶんけいホームページ　https://www.bunkei.co.jp/

印刷・製本・デザイン／株式会社　太洋社

ISBN 978-4-7999-0485-5　NDC375　144P 210mm × 148mm

定価はカバーに表示してあります。

落丁本・乱丁本はお取り替えいたします。